아빠, 금이 뭐예요?

아빠, 금이 뭐예요?

발행일	2025년 9월 19일
지은이	이상기
펴낸이	손형국
펴낸곳	(주)북랩
출판등록	2004. 12. 1(제2012-000051호)
주소	서울특별시 금천구 가산디지털 1로 168, 우림라이온스밸리 B동 B111호, B113~115호
홈페이지	www.book.co.kr
전화번호	(02)2026-5777	팩스 (02)3159-9637
ISBN	979-11-7224-841-3 03320 (종이책) 979-11-7224-842-0 05320 (전자책)

잘못된 책은 구입한 곳에서 교환해드립니다.
이 책은 저작권법에 따라 보호받는 저작물이므로 무단 전재와 복제를 금합니다.
이 책은 (주)북랩이 보유한 리코 장비로 인쇄되었습니다.

작가 연락처 문의 ▶ ask.book.co.kr
전용 게시판에 문의를 남기시면 저자에게 직접 전달됩니다.

(주)북랩 성공출판의 파트너
북랩 홈페이지와 SNS에서 다양한 출판 솔루션을 만나 보세요!
홈페이지 book.co.kr   •   **블로그** blog.naver.com/essaybook   •   **출판문의** text@book.co.kr
카톡채널 북랩

금거래소 대표가
아들에게 들려주는 금 이야기

아빠, 금이 뭐예요?

작은 사금처럼 지식을 모아 수박 같은 수익으로 키워라!

부동산과 예금만으로 불안한 미래,

금이라는 안전판으로 대비하는 법

이상기 지음

북랩

들어가며

　현재를 살아가는 아버지들은 누구나 자산 증식과 노후 안정을 위해 어디에 어떻게 투자할 것인가를 고민하고 한 번쯤은 투자를 해본 경험이 있을 것이다. 물론 성공의 경험보다는 실패의 쓰라림이 더 많아 당연히 전통적이고 보수적인 투자처를 선호한다. 새로운 투자처를 접하면 생소함과 두려움, 그리고 '과연 그럴까' 하는 의문이 먼저 들고, 실천하고자 하는 의지보다는 주저하게 되고, 긍정보다는 부정적 태도를 보이게 되는 것은 실패의 경험이 두려움으로 확대된 것이다. 이런 이유로 아버지들은 가진 돈 대부분을 부동산에 투자하고 약간의 주식과 비상용으로 소액의 예금을 보유하고 있다. 발생 가능성은 낮지만 없을 것이라고 단정할 수 없는 외환 위기나 전쟁 등 우리가 알지 못하고 대응할 시간조차 없는 위기 상황에 대한 대비가 전혀 없는 것이 현실이다. 자산을 지키는 전략으로서 전통적인 포트폴리오 전략은 대단히 위험하다. 무차별적으로 발행되는 종이돈의 위험을 고스란히 안고 백 년을 살아야 한다면, 이제는 스스로가 자산을 지키고 키우는 방법을 생각하고 실천해야 한다.

　근로소득자로 25여 년을 살면서 정기적금, 예금을 해본 경험이 없다. 물론 모든 투자에 성공했다고는 할 수 없지만, 무위험률보다는 큰 수익을 얻었다. 사람들은 일반적으로 전통적 포트폴리오인 주거용 부동산, 수익 부동산, 현금, 채권, 주식을 선호한다. 이유라고 해야 고작 대한민국 사회에 팽배한 부동산 불패론 때문이다. 10년 주기로 급등락을 되풀이하는 부동산 투자에서 한 번 큰 이익을 얻은 사람들은 자신의 모든 역량을 부동산에 집중한다. 10년 전 금값과 20년 전 금값을 비교해본 적이 있는가. 강남 부동산 가격은 알아도, 정작 대부분의 사람이 한 돈 이상 보유하고 있는 금값에는 무감각하다.

사람은 필요성, 성향, 합목적에 따라 투자 방향을 잡는다. 인구가 증가하고 수요가 끊임없이 상승하는 시기에는 부동산이 금보다 좋은 투자처라는 점은 인정한다. 하지만, 사람의 불행은 형편이 좋을 때, 평온한 때, 준비를 전혀 하지 않고 실천하지 못한 데서 찾아온다. 수년 전부터 인구 감소에 대한 구체적 통계 전망이 나오는 현실을 직시한다면, 이제는 자산 축적과 보호에 새로운 방안을 찾는 것이 바람직하다. 당신의 투자 성향은 공격적인가, 아니면 방어적인가. 금은 보유했던 것을 처분할 때 한 번의 수익이 발생한다. 예금이나 주식처럼 매일 이자가 생기거나 수익이 발생하지 않는다. 중장기를 흔들림 없이 견딜 능력이 없다면 실천할 수 없는 투자처이다. 방어적인 사람이라면 더더욱 금 투자를 고려해야 한다. 화폐 가치 하락 방어에 금보다 뛰어난 자산은 없기 때문이다. 금값은 금 자체 가격이 오르는 것이 아니라 화폐 가치가 하락한 이상으로 가치를 보존한다. 흔히 "10년 전 금값이 얼마였는데 그때 사야 했는데"라는 말을 해보거나 들은 적이 있을 것이다. "항상 악마는 맨 뒤에 처진 사람을 잡아먹는 것처럼" 미루기만 하고 실천하지 않으면 아쉬움만 남는다. 지나간 시간은 그저 과거일 뿐이다. 현재의 기억으로 시간을 거슬러 가지 않는 이상 지금의 후회를 되돌릴 방법은 어디에도 없다.

이 책은 노후를 지키기 위해 금 투자를 시작했던 필자가 이제는 금거래소 대표로서 가까운 미래에 사회생활을 앞둔 아들을 위해 적어두는 글이다. 서점에서 책을 펼쳐 머리글을 보는 독자에게 말하겠다.

이 책은 한글을 처음 배우기 시작하는 단계와 같은 수준으로, 금 시장에 처음 발을 들이는 창업자에게는 최소한의 이론 교재이며, 일반인에게는 금에 대한 상식 수준의 이야기를 들려주고자 정리한 책이다. 심오한 내용을 기대했다면 다른 책을 추천한다. '수박 속 겉핥기'를 해도 수박 맛은 알 수 있다. 시작이 반이다. 금에 대한 지식과 정보를 모래 속의 사금처럼 쌓아가다가, 언젠가는 큰 덩이 수박 같은 수익을 베어 먹기 바란다.

2025년 9월

이상기

차례

들어가며   5

제1장   자산 준비

노후 파산 대비 안전자산 보유	15
불확실한 미래의 안전판	17
자본 소득 획득	20

제2장   돈과 화폐

돈과 화폐	25
화폐가 아닌 돈에 투자	27
통화의 타락	30
금이 화폐가 된 이유	32
통화 체계	34
연방준비제도(Federal Reserve System)	37

명목금리와 실질금리	39
금시장	41
금과 달러	43
시뇨리지(seigniorage)	45
금과 환율	48
금과 주식	51
금과 비트코인(BTC)	53
금화	55
불리온 금화(Bullion Coin)	58

제3장 금의 특성

금의 물리적 특성	63
금 생산	65
도시 광산	67
금 지상 재고	70
우리나라도 금 생산국	73
국가별 금 보유량	76
금 선호 국가	80
금 통제	82
위기의 금	84
금 생산 감소	86

제4장 금 매매

금 가격 계산	91
트로이온스(Troy Ounce)	93
금 순도	95
검인 마크	101
골드바	103
금값 상승	108
분석료	110
지역별 선호도	113
금과 은	115
가격 배율(GSR, Gold to Siver Ratio)	117
금 월별 수익률	119
금 투자 방식	121

제5장 금과 희귀금속

화이트 골드, 플래티넘	125
알로이(Alloy)	127
청화금(PGC, Potassium Gold Cyanide)	129
염화금(Gold Chloride)	131
외국 금	133

희귀금속	134
인공 금	137
가짜 금	139
일렉트럼, 노르딕 골드	141

제6장 부록

금 관련 창업	145
제품별 사이즈	148
허위 신분증, 사고 수표	150

마치며	152
참고 문헌	154

제1장

자산 준비

노후 파산 대비 안전자산 보유

얼마나 많은 돈이 있어야 우리의 삶은 안전할까. 누구나 한 번쯤은 고민했을 법한 의제다. 돈에 대한 사랑이 다른 모든 것을 압도하는 사회에서 행복한 노후를 준비하는 게 어렵다는 건 경험적, 본능적으로 알고 있다.

한국인은 평균적으로 28세부터 33년간 노동 소득으로 살아가는데, 이 기간이 유일하게 지출보다 소득이 높은 흑자 기간이다. 부모의 돌봄으로 학업을 마치는 27세까지 1차 적자, 62세 퇴직을 한다면 이후 시기가 2차 적자이다. 1차 적자 기간은 나의 적자가 아니기에 문제를 제쳐두고라도 2차 적자 시기를 늦추거나 흑자로 만들 수 있는 여건을 갖춰두지 않으면 적자가 아니라 노후 파산의 경험을 할 수도 있다. 하지만, 불행하게도 사회는 급속히 발전하며 이 흑자 기간까지도 단축하고 있다. 기업들은 신입보다 업무 경험이 있는 경력직을 먼저 채용하는 경향이 강해지고, 청년들의 소득 창출 시기는 점차 늦어져 33년의 취업 기간이 평균 2년 정도 감소했다. 이런 이유로 일부 통계에서는 생애 총소득이 평균 13% 감소한다는 조사가 발표되기도 했다. 그렇다면 2차 적자기의 소비와 지출을 고려해야 하는데, 여러 요인으로 달라질 수 있다. 평균 수명, 생활비, 인플레이션, 본인이 자산을 가지고 있다면 수익률을 생각해야 한다. 특히, 인플레이션과 자산의 투자수익률은 자신의 의지와 상관없이 자연 발생적 혹은 추세 변화로 달라질 수 있다. 성공한 사람을 매체에서는 돈을 많이 번 사람으로 등치하는데, 이들의 공통된 특징은 한 가지다. 그것은 주식, 코인 등 일확천금의 행운을 바라지 않는다는 점이다. 그래서 안전을 추구하고, 번 돈은 안전자산으로 바꾸려는 성향이 강하다. 예전 산업화 시대에 돈을 많이 번 사람들은 대부분 부동산으로 바꾸는 경향이 강했는데, 시대가 변하고 인구구조가 바뀌면서 이제는 금, 국채와 같은 안전자산을 선호한다. 자산을 늘리기 위해 돈을 쫓아가는 대신 자산을 지키는 노력을 더 하는 것이다.

돈에 대한 사랑은 인간의 피할 수 없는 본능이다. 그렇다고 수단과 방법을 가리지 않고 돈만을 추구할 것인가. 일부 고소득자를 제외하고는 모두 불안정하고 고단한 삶에 불안과 불만을 가지면서도 사회 변화와 가치의 전환을 애써 무시하거나 무관심으로 확률 높은 대안적 가능성을 알려 하지 않는다. 내가 애써 벌어들인 소득의 가치를 지키는 것은 선택이 아니라 반드시 실천해야 할 의무가 되었다.

불확실한 미래의 안전판

일반적으로 금융시장에서 불안의 원인이자 증상은 자본시장 일부 또는 전부에서 부채 증가, 금리 급등, 물가 상승, 고용 및 임금 감소, 외환시장 통화 가치 급락, 기업 파산 건수 증가, 상품, 부동산, 유가증권의 가격 상승 정지 혹은 하락, 폭락으로 나타난다. 이런 위기 상황에선 어김없이 금값이 상승하는데 가장 큰 원인은 불확실성에 대한 회피 심리이다. 지정학적 위기, 정치 불안정, 경제 위기, 금융 위기 등 주변의 위험이 커질수록 불확실성은 증가하고 사람들은 공포를 느끼기 시작한다. 만약 그것이 급작스럽거나 통제할 수 없는 상황이라고 느끼면 패닉 상태에 빠져 금융시장은 붕괴한다. 그리고 사람들은 필요하면 언제, 어디서든 환금이 가능한 금을 찾는다. 수요가 많아지면 가격이 상승하는 것은 모든 재화에서 나타나는 공통 현상이다. 50년을 넘게 살면서 사람들의 입에서 경기가 좋다는 말을 들어본 기억이 없다. 항상 경기가 좋아지기를 희망하지만, 그것은 어디까지나 자신이 체감하는 상대적인 경기라고 생각한다. 하지만, 금거래소를 운영하면서 느끼는 점은 자영업자의 추락이 심각하다는 것이다. 금을 팔러 오는 손님 중에 자영업이나 소규모 제조업을 하시는 분들이 이구동성으로 하는 말이 "정말 힘들어 죽을 것 같다"이다. 대학교 앞에서 호프집을 운영하는 여사장님은 3개월째 금을 처분해서 월세를 납부하고 있다면서 다음 달은 어떻게 상황을 넘겨야 할지 한숨만 나온다고 한다. 금을 매입하고 판매하는 처지에서 기쁜 마음으로 팔고 가는 분을 보면 보람을 느끼지만, 월세, 병원비 등을 위해 자녀의 돌 반지를 가져오는 분을 보면 마음이 편치 않다. '물가가 올라서 힘들다'라는 말을 들으면 분명 인플레이션인데, 자영업자들이 체감하는 경기는 디플레이션 상황이다. 종합하면 현실은 스태그플레이션(고물가 경기 침체)이 분명하다. 이렇듯 화폐 가치는 매년 구매력이 떨어져 현금 부자들을 단숨에 빈털터리로 만들 수도 있다. 종이 화폐의 가치를 유지·보존할 수 있는 수단은 변동성이 적고 현금화하기가 쉬운 현물 자산이다. 미국 국가 부채가 2025년 1월 기준 35조 8천억 달러인데, 여기에 부채 상한을 5조 달러(7,300조)로 증액하는 프로세스에 착수했다. 중요한 것은, 미국은 세계가 사고 싶지 않은 국채를 팔아야 하는데 빚이 36조 달러, 한화로 5경 원의 부채를 가진 나라의 국채를 어느 국가가 사겠는가. 급기야 중국은 몇 년 전부터 미국 국채의 수요를 줄이고 금 매입에 열을 올리고 있다. 부채로 얼룩진 미국이 2008년 글로벌 금융 위기에서 중국의 도움으로 살아났지만, 미·중 관세 전쟁이 진행 중인 상황에서 중국이 쉽사리 미국 편을 들기는 어려울 것이다. 결국 중국이 선택한 것은 종이에 불과한 미국 국채, 달러가 아닌 현물 금을 선택한 것은 역사적으로 신뢰할 수 있는 유일한 가치 보존 수단이 금이란 것을 잘 알고 있기 때문이다.

자본 소득 획득

 현재는 학교에서 가정생활 실태조사를 하지 않지만, 한 세대(30년) 이전만 해도 설문지를 통해 가정의 자산 상태를 조사하는 해괴한 일이 벌어지곤 했다. 생활 수준 항목 상중하에 거의 모든 학생이 '중'을 표시했는데, 누구나 마찬가지였을 것이다. 중산층의 사전적 의미는 고소득층과 저소득층 사이에 있는 중간 정도의 수입을 거두는 집단으로 설명하고 실제로는 인구 대다수보다는 조금 더 잘살지만, 진정한 부자 집단과는 거리가 먼 사람이다.

 모든 사회에는 저소득, 중간 소득, 고소득의 층이 생기기 마련인데, 소득 불평등은 노동 소득의 차이와 자본 소득의 유무에서 비롯된다. 보수화된 사회에서는 소득 차이의 발생 원인을 개인의 능력과 노력 여하로 평가하는 경향이 있는데, 사회가 진보될수록 소득 차이의 발생 원인은 개인의 차이보다는 자본 소득의 유무에 무게를 두는 경향이 짙다. 실제 삶에서도 "똑똑한 놈보다 운 좋은 놈이 낫다"라는 말을 하고, 심지어 사업에 성공하는 비결이 "부자 아빠, 부자

엄마", 심지어 "부자 할아버지, 부자 할머니"라는 농담을 하며 이를 아무렇지 않게 받아들인다.

이런 현상에 대해 토마 피케티는 저서 『21세기 자본론』과 『왜 자본은 일하는 자보다 더 많이 버는가』를 통해 '상위 계층이 전체 부의 절반 이상을 차지하는 현상은 현대 사회에서도 지속되고 있다. 특히 자본에서 나오는 수익은 노동 소득보다 수익률이 훨씬 높은데, 자본 소득 가운데 많은 부분이 저축, 재투자되어 더 큰 규모로 늘어나고 자본을 상속받은 후속 세대는 자신의 능력이나 노력과는 관계없이 부를 축적한다. 이것이 경제 불평등의 주요 원인이 된다'라고 설명하고 있다.

이처럼 노동 소득만을 가지고 일생을 살아가는 것은 불안정한 미래를 오늘의 편안함으로 위안 삼는 것에 불과하므로 자본을 늘리는 방향으로 자산 포트폴리오를 재구성해야 한다. 최근 들어 금 투자를 하는 중장년층이 늘고 있다. 낮은 이자율에 대한 불만과 고령화 사회의 인플레이션으로 자산도 함께 감소할지 모른다는 막연한 걱정이 안전자산인 금으로 눈길을 돌린 계기가 된 것 같다. 또한, 노동 소득으로 자본 소득을 이길 수 없는 자신의 삶을 자식에게 물려주기 싫은 부모 세대의 정서적, 심리적 압박도 금에 투자하게 만든 이유가 된 듯하다.

제2장

돈과 화폐

돈과 화폐

 일반적으로 가격은 물건이 지닌 가치를 돈으로 나타낸 것이고, 가치는 사물이 지닌 실제 쓸모이다. 금은 오래전부터 가치를 지닌 돈이며, 물건이 아니므로 금 가격(price)이라는 표현은 적절치 않다.

 화폐, 즉 통화(currency)는 '흐름(current)'에서 파생된 단어다. 흐름은 늘 움직여야 하며, 움직이지 않고 멈춘다면 소멸해버린다. 화폐란 그 자체로 가치를 가지는 것이 아니라, 하나의 자산에서 다른 자산으로 가치를 이전하는 매개물일 뿐이다. 하지만, 돈(money)은 화폐와 달리 그 자체로 가치를 지닌다. 돈은 언제나 통화, 즉 화폐이며 가치를 지닌 다른 물건을 구매하는 데 사용할 수 있다. 그러나 화폐가 항상 돈이 되는 것은 아니다. 100달러짜리 지폐를 생각해보라. 과연 그 작은 종이 한 장이 100달러의 가치가 있는가. 달러는 미국에 대한 신용의 기초 위에 존재하고 있을 뿐이다. 개인이 화폐를 만들면 위조 행위지만, 각국 정부의 발권 행위는 재정정책이라 부르고 우리는 이것을 명목화폐라 칭한다.

1944년 미국은 전 세계 금의 약 70%를 보유하고 있었고, 그 이유로 미국 달러는 기축통화가 되었다. 하지만, 제2차 세계대전과 베트남 전쟁에서 너무 많은 화폐를 발행해 인플레이션이 가속화되어 세계 각국은 미국에 금 교환을 요구했다. 결국 1971년 미국은 금 교환을 해주지 못한다고 공식 선언한다.

　실제로 1933년까지 발행된 미국의 달러에는 '미국 재무부에서 수요에 따라 금으로 상환 가능(Redeemable in gold on demand at the United States treasury)'이라는 금 태환 약속 문구가 적혀 있어 화폐 가치가 유지되었지만, 금 태환 금지 이후 화폐의 가치는 급락하게 된다. 1970년부터 1980년까지 미국의 물가지수는 약 127% 상승했고, 화폐 가치로는 마이너스 56%였다. 그렇다면, 진정한 가치를 지닌 금과 은은 어땠을까. 같은 기간 금의 상승률은 2,500%였고 은은 3,100%였다. 물가는 2배가 올랐는데, 금과 은은 20~30배 상승했다. 결론은, 명목화폐는 내재 가치를 지닌 금과 은이 가진 한정성을 담보할 수 없고, 발행은 점점 늘어나므로 가치는 계속 떨어질 수밖에 없다는 것이다.

화폐가 아닌 돈에 투자

 돈에 대한 욕망은 인간의 피할 수 없는 본능이다. 사람들은 절대적인 소득은 물론 상대적인 소득도 중시하고, 사회적 관계나 자기 결정에 높은 가치를 매기며 풍족하고 안락한 삶을 위해 돈을 벌고자 한다.

 불과 2~3년 전만 해도 직장인의 점심값은 만 원을 넘지 않았고, 식당에서 판매하는 소주나 맥주 가격도 비싸야 4천 원 정도였다. 하지만 지금은 어떤가. 점심값은 만 원을 훌쩍 넘었고 가볍게 마시던 주류 가격은 5천 원을 넘어 6~7천 원 하는 곳도 많아졌다. 돈의 가치는 지속적으로 하락하고 국민의 자산 축적은 점점 더 어려워지고 있다. 그렇다면 내 자산을 지키는 가장 전통적인 방법은 뭘까. 내가 번 돈을 잃지 않고 가치를 보존하는 것이다. 아무런 대응을 하지 않는다면 가혹한 현실, 준비되지 않은 노후가 기다릴 뿐이다. 돈과 화폐를 정확하게 이해하는 것만이 자본주의 사회에서 살아가는 최소한의 법칙을 이해하고 실천하는 출발점이 된다. 그렇다면 '돈'과 '화폐'의 차이는 무엇인가. 사전적 의미로 '돈'은 사물의 가치를 나타내고, 상품의 교환을 매개하며, 재산 축적의 대상으로 사용되는 물건을 말한다. 반면, '화폐'는 상품 교환 가치의 척도가 되며, 그것의 교환을 매개하는 일반화된 수단으로 우리가 일상에서 사용하는 주화, 지폐, 은행권 등이 이에 해당한다. 이 점을 정확히 이해하지 못하면 매달 들어오는 화폐를 은행에만 보관하다가 세월이 흐르면서 가치가 점차 축소되는 것을 실감하게 될 것이다. 그렇다면 돈을 가져야 할까, 화폐를 가져야 할까. 당연히 '돈'을 가지고 있어야 한다. 화폐를 재산 축적의 대상으로 생각하고 있었다면, 이제는 화폐가 아닌 진정한 '돈'을 모으는 데 집중해야 한다. 금과 은의 가격이 상승하는 것은 자본주의 체제가 흔들리고 있다는 증거이고, 동시에 인플레이션의 신호이기도 하다. 이는 화폐의 구매력이 쇠퇴한다는 의미이기도 한데, 흘러넘치는 돈은 사람들의 의지와 상관없이 가치를 하락시킨다. 그리고 가치를 잃은 화폐는 여기저기에 투자되었다가 자본 소득으로 무장한 선제적 투자자들이 돈을 다 먹어 치우고 나면 광기로 시작했던 무모한 투자는 투기가 되어 붕괴되고 패닉이 발생한다. 그리고 시장에 의해 금과 은의 가치가 저절로 재평가되어 다시 상승하게 된다. 이는 자연스럽고도 지당한 결과다. 금과 은은 항상 이런 역할을 해왔고 미래에도 그럴 것인데, 본능적, 정서적으로 금과 은의 희귀성을 높게 평가하는 경향이 있기 때문이다. 종이돈이 가치를 잃게 되면 사람들은 언제나 귀금속으로 눈을 돌리고, 대중들이 달려들면 금과 은의 가치, 즉 금과 은의 구매력은 기하급수적으로 증가한다.

또한 금 구매량은 금값보다 소득에 더 예민하게 반응하는데, 소득이 늘면 금값이 올라도 적극적으로 금을 사들인다. 세계금협회(World Gold Council)의 조사에 따르면, 금값에 대한 금 구매량의 가격탄력도는 -0.8이다. 이는 금값이 1% 상승할 때 금 구매량은 0.8% 감소한다는 것이다. 반면 소득에 대한 금 구매량의 탄력도는 +2.0로, 소득이 1% 증가하면 금 구매량은 2% 증가한다.

통화의 타락

세상의 모든 돈이 금화나 은화라고 가정할 때, 금과 은의 공급량은 인간이 아닌 자연에 의해 결정된다. 만약 주화를 만들기 위한 금속의 공급량이 수요를 충족시키지 못할 때, 해결책은 세 가지가 있다. 첫째로 부족하지만, 공급될 때까지 상황을 참고 견디는 것이다. 두 번째가 무역이나 생산 확대 등을 통해 화폐의 원료가 되는 금속을 구하는 것이다. 세 번째는 가장 간단하지만, 장기적으로는 성공 가능성이 가장 희박한 것으로, 같은 양의 금속을 가지고 더 많이 만들어내는 방법이다. 이 해결책이 '통화의 타락(debasing the currency, 통화의 질, 즉 순도를 떨어뜨리는 것)'이다. 금화라면 본래 금으로 채워져야 하지만, 은, 구리, 아연 등을 섞어 본래 가치를 하락시키는 것이다. 주로 사용된 방법은 액면 가치는 그대로 둔 채 주화의 크기와 금이나 은 함유량을 줄임으로써 더 많은 금, 은화를 만들어내는 것이다.

통화의 타락이 단행되었을 때, 사람들은 가지고 있는 금화를 같은 액면 가치를 지닌 새로운 금화와 교환하게 된다. 일련의 과정에서 금화 발행권을 가진 국가는 지급되는 금의 총량보다 회수하는 금이 많으므로 더 많은 순도 미달 금화를 발행할 수 있다. 결론적으로 혜택을 보는 것은 통화를 타락시키는 정부뿐이다. 오늘날에도 형태는 변했지만, 국가는 여러 이유를 들어 통화의 타락을 저지르고 있다. 경제 위기가 발생하면 중앙은행은 발권력을 이용해 무분별하게 때로는 무차별적으로 화폐를 발행한다. 그리고 이렇게 주장한다. '시장에 돈을 풀어 경제의 마중물 역할을 하게 해 경제를 성장시키고, 세수가 증대되면 경제가 안정된다'라고 말이다. 아이러니하게도 서남아시아, 동지중해, 메소포타미아 등 유럽과 가까운 지역에서 발생한 통화의 타락과 인플레이션은 이탈리아에서 고리대금업과 은행업을 촉진해 경제를 급성장케 하는 동력이 되기도 했다. 영어 단어 bank는 이탈리아어 banco, banca에서 유래했는데 무역대금을 금, 은으로 결제하던 시기 중세 이탈리아 환전상들이 벤치에 앉아 다양한 화폐로 교환해주던 데서 비롯되었다. 특히 근대적 은행의 기초는 14세기 이탈리아 피렌체의 메디치 가문이 닦았는데, 환전업으로 출발해 오늘날의 금융기관으로 발전되었다.

금이 화폐가 된 이유

　금은 왜 가치가 있는가. 그것은 인류 역사에서 희소한 것에 대한 심리적, 정서적 환상이다. 본능적으로 희소하고 모두가 가지고 싶어 하는 것은, 오랫동안 독점적으로 소유하고 싶은 강한 정서가 작용하기 때문이다. 우리가 일상에서 사용하는 지폐에 가치가 있을까. 각국의 법정화폐는 인위적으로 발행할 수 있는 종이에 불과하다. 하지만, 금은 희소성과 더 이상 발생하지 않는 부증성으로 인해 통화 가치를 뒷받침하는 용도로 사용된다. 어떤 광물이 화폐로서 자격을 갖추기 위해서는 본연의 가치만으로는 부족하다. 실제로 금보다 비싼 금속도 존재하기 때문이다. 주기율표 중앙에 자리한 이리듐, 오스뮴, 루테늄, 백금, 팔라듐, 로듐 등도 금과 은처럼 희귀금속이다. 그런데 왜 금과 은만이 화폐의 임무를 수행할 수 있을까. 화폐의 역할을 수행하기 위해서는 실제 통화 공급량을 감당할 수 있을 정도의 생산량이 확보되어야 하며 그러한 요건을 충족한 것이 금과 은이다. 또한, 금과 은 이외의 희귀금속들은 녹는점이 지나치게 높아 추출하기 어렵고 비용도 많이 드는 문제점이 있다. 과거 영국에서는 가축과 노예가 화폐 구실을 했고, 제2차 세계대전 이후 하이퍼인플레이션을 겪은 독일에서는 한때 담배가 화폐 역할을 대신하기도 했다. 또한, 캐롤라인 군도의 야프(Yap)섬의 화폐는 바퀴 모양의 두툼한 돌로서 '페이(fei)'라고 불렸다. 금화나 은화 같은 주화가 만들어지기 전 중국에서는 쌀, 파푸아뉴기니에서는 개 이빨이 교환 수단이자 부의 저장소로 사용되었다. 때로는 후추가 같은 무게의 금보다 더 가치가 있는 재화였던 시기도 있는데, 독일의 일부 영주들이 은행가를 '후추인(pepper men)'이라 부르기도 했다.

무엇보다 금이 화폐가 될 수 있었던 이유는 물리적·화학적 안정성과 높은 밀도, 특유의 광채에 기인한다. 화폐의 가치는 안정성에 있으며, 금은 조개껍질이나 돌처럼 부서지지 않고 가축이나 노예처럼 생존 여하에 따라 가치가 달라지지도 않는다. 즉, 금은 누구나가 납득할 수 있는 순도와 무게에 의해서만 가치가 측정되기 때문이다.

통화 체계

1900년 이전, 당시 산업화 초기 국가라 할 수 있는 대다수의 국가는 금본위제를 시행했다. 금본위제하에서 유럽의 주요 국가들이 성공적으로 공업국으로 탈바꿈하며 경제 발전을 이루었고, 화폐 가치는 안정을 유지했다. 하지만, 두 차례의 세계대전, 정치 불안정, 경제 위기 등의 변수가 생기면서 금은 공황을 억제하고 정국을 안정시키는 역할을 수행한다. 그래서 '난세의 영웅', '위기의 금'이라는 칭호를 얻게 된다. 전 세계적으로 자유무역이 실현된 오늘날, 화폐는 국가의 흥망성쇠를 좌우하는 지표가 된다. 대공황 시기 가장 심각한 문제는 디플레이션이었다. 그러나 1929년부터 1933년까지 금에 대한 미 달러 가격은 내려가지 않았고 온스당 20.67달러에 고정된 채 유지되었다. 그리고 1933년 4월부터 몇 달간 미국 정부는 금값을 온스당 20.67달러에서 35달러로 올렸다. 디플레이션을 해소하기 위해 금값을 올린 것이다. 정부의 정책으로 금이 물가 인상을 위한 최선봉에 서자 주가와 상품 가격이 뒤를 따랐다. 금이 재화가 아닌 화폐의 임무를 완벽하게 수행한 것이다.

제2차 세계대전 이후 국제통화 질서는 세 단계로 구분된다. 첫 단계는 1944년 7월 국제통화기금(IMF)이 출범한 이후 1971년 리처드 닉슨 미 대통령이 금 태환 정지를 선언하기까지의 '브레턴우즈 체제'이다. 이때까지 금은 온스당 35달러라는 고정가격으로 달러와 금의 교환을 보증해줌으로써 달러 가치는 국제적으로 인정받았고, 각국 통화도 달러 기준으로 교환 비율을 정했다. 두 번째 단계는 닉슨 대통령이 금 태환 정지를 공식 선언하고 난 후의 과도기인 1971년 12월 출범한 '스미스소니언 체제'이다. '브레턴우즈 체제' 붕괴 이후 온스당 35달러에서 38.02달러로 평가절하를 시행하고, 1973년 다시 온스당 42.22달러로 10% 평가절하한다. 결국 연이은 미국의 평가절하로 인해 고정환율제로 출발했던 '스미스소니언 체제'는 붕괴한다. 이때부터 그때그때의 금융 환경을 반영한 변동환율이 시작된다. 더 이상 달러가 금으로 가치를 담보 받지 못하게 되면서, 전 세계 모든 통화가 가치를 담보 받지 못하는 불환화폐로 변하고, 달러의 안정성도 흔들리게 된다. 위기를 느낀 미국은 1974년 석유파동이 터지자, 사우디아라비아와 페트로 달러 논의를 비공식적으로 확정한다. 이에 따라 원유에 대한 모든 판매, 거래, 결제에 달러를 사용케 함으로써 다시 기축통화의 지위를 굳건히 유지하게 한다.

세 번째 단계는 1976년 자메이카의 수도 킹스턴에서 체결된 현 국제통화 질서인 '킹스턴 체제'로, IMF 회원국 모두는 Z국의 경제 상황에 맞춰 자유롭게 환율 정책을 채택하는 자유변동환율제 도입이다. 이 시스템은 각국이 환율 제도를 자유롭게 채택할 수 있고, 공통된 체제가 없다는 의미에서 'non-system'이라 불리며 이때부터 달러와 금의 관계는 단절된다.

연방준비제도(Federal Reserve System)

연방준비제도의 설립 목적은 달러를 독점적으로 발행하여 화폐 시스템을 통일하고, 적절한 통화량을 관리하여 물가를 안정시키는 데 있다. 하지만, 달러를 발행할 때는 연방준비제도의 독자적 판단만이 아니라 의회의 승인을 받아야 하는 조건이 붙어 있다. 이는 발행권의 독점을 막기 위한 의회의 견제 장치다. 1913년 출범한 연준은 미국에서 가장 잘 알려지지 않은 주요 기관 중 하나이다. 흔히 'Fed'라고 불리는 연방준비제도는 미국 정부와 분리된 민영 은행임에도 불구하고 미국의 재정정책을 좌지우지하는 권한을 가지고 있다. 1914년 연준이 기능을 시작한 이래, 미국 정부는 달러를 민영 은행인 연준에서 빌려와 창조하는 형태를 띠게 된다. 그런 다음 이들은 화폐에 이자를 붙여 미국 정부와 다른 민영 기관에 대여한다. 즉, 미국 달러를 발행하는 주체는 미국 정부가 아니라 연준인 셈이다. 연준 시스템에는 미국 전역의 주요 경제 중심지에 있는 12개 지역 연준은행이 있다. 특히, 뉴욕, 시카고, 샌프란시스코 연방준비은행은 전체 연방준비제도 자산의 50%를 담당하고 있어 중요성이 매우 높다. 이런 지역 연준은행은 정부 소유가 아니며 정부 기관도 아니고 각 지역 은행이 소유한 은행이다. 예를 들어, JP모건 체이스는 뉴욕에 있는 뉴욕 연준은행의 주식을 보유하고 있다. 이처럼 연방준비제도는 미국 정부와 분리된 민영 은행임에도 불구하고, 미국 재정정책에서 막강한 권한을 가지고 있다. 즉, 연준 시스템은 시중은행이 소유권을 가지고 정부가 관리 감독하는 독특한 혼합체인 셈이다. 연방준비제도가 탄생한 뒤로 미국 달러는 더 이상 내재 가치를 지닌 돈이 아닌 화폐로 전락한다. 금리를 올리고 싶다면 연준은행은 단기어음을 매각해 시중자금을 회수하는 긴축재정정책을 시행하고, 반대로 금리를 낮추고 싶으면 어음을 매입해 시장에 돈을 푸는 완화정책을 시행한다. 전통적인 금본위제하에서 화폐는 가치를 증명 받을 수 있는 돈이며, 재무부가 보유하고 있는 진짜 금으로 교환할 수 있었다. 즉, 화폐가 금에 대한 교환권이자 영수증인 셈이다. 그런데 여기에 연방준비제도가 끼어든 것이다. 이처럼 연준은 배당금을 받는 주주들이 소유한 민영 은행임에도 불구하고 통화량을 조정할 수 있는 무소불위의 권한을 가졌으며, 의회의 감시와 규제로부터도 자유롭다.

명목금리와 실질금리

우리가 매일 보고 듣는 금리는 실질금리가 아니ㄹ 화폐 1단위를 일정 기간 빌리는 대가로 지급한 화폐액으로서 이자를 원금으로 나눈 명목금리다. 명목금리는 국채를 살 때 기관에서 실제로 제공하는 금리로 채권 발행 이후 명목금리는 시장 요인과 신규 채권 보증에 따라 변동된다. 금리가 오르면 가격이 내려가고 금리가 내려가면 가격이 상승한다.

현물 자산 투자에 있어 가장 중요한 것은 실질금리인데, 물가 변동에 따른 화폐의 가치 변화를 고려한 금리로 은행에서 받는 명목금리에 이자 소득세와 물가 상승률을 뺀 것이다. 실질금리가 플러스 추세라면 명목화폐를 보유하고 있어도 가치가 상승하므로 굳이 실물 자산을 가지고 있을 필요가 없다. 반대로 마이너스 추세라면 자신이 보유한 자산이 해마다 가치가 떨어지는 것이므로 방어책을 찾아야 한다. 그래서 물가가 상승할 때 금과 은은 반드시 상승하게 된다. 1970년대 닉슨에 의해 금 태환이 중지되고 물가가 상승하면서 실질금리가 마이너스가 되었는데 어김없이 금값이 상승했고, 2011년에 최고점을 기록했다. 그리고 2019년에 실질금리가 다시 마이너스가 되자 2차 상승이 시작되었다. 주위를 보라. 오르지 않는 물가가 없다. 부동산, 자동차, 등록금, 과외비, 생활비 등 모두가 오르는데, 자녀 성적과 남편 월급만 오르지 않는다. 돈의 가치는 계속 떨어지는데 아직도 은행 예금을 고집할 것인가. 분명 금과 은은 인플레이션 헤지(hedge) 자산이다. 그렇다면 경기 하강기의 디플레이션 상황에선 금과 은 가격은 내려가는가. 이론적으로는 그럴 수도 있지만, 실제로는 경기 하강 시에 경제 운영의 한 축인 정부는 경기부양을 위해 시장에 돈을 푼다. 즉, 명목화폐의 발권력을 이용하여 시장에서 돈이 돌 수 있도록 만든다. 저금리의 돈을 시장에 풀면 정부의 의도와 다르게 실물 시장이 꿈틀거리고 부동산, 금, 은 등 사람들이 평소 안전자산이라 생각하는 곳으로 돈은 더 몰리며 가격은 상승하게 된다. 결국 인플레이션 상황에선 가치 보전을 위해, 디플레이션 상황에서는 안전자산에 대한 선호 심리가 금, 은 가격을 끌어올린다. 이유는 화폐는 발권력을 통해 무한정 만들어낼 수 있지만, 금과 은은 한정된 재화이기 때문이다.

금시장

 금과 은은 예금과 같이 만기도 없고, 주식처럼 상장폐지가 되어 휴지 조각이 될 우려도 없다. 금, 은은 영속적으로 유지되는 부동산의 장점과 동산의 장점을 모두 갖고 있다. 또한 경기 변동에도 큰 영향을 받지 않는다. 특히 경제 상황의 불확실성이 제기되면 다른 투자 자산에 비해 교환 가치가 더 높아진다.

 실제로 금과 은은 화폐 가치가 떨어져 자산 가치가 오르는 인플레이션이나, 반대로 자산 가치가 하락하는 디플레이션 상황 모두에서 시장의 주목을 받는다.

 특히 금시장은 주식, 채권, 상품 시장보다 시장에 끼치는 충격을 최소화하면서 상대적으로 쉽게 매매할 수 있다. 개인의 금 거래 행위가 시장을 혼란에 빠뜨리지 않을 뿐만 아니라, 거래할 매수자와 매도자를 찾기 쉬운 시장이다. 또한 개인의 거래 규모가 총 거래량에 비해 미미하므로 매매할 수 없는 상황도 겪지 않는 것이 일반적이다. 실제로 전 세계 금 재고량에 비해 시장에서 거래되는 실물 금은 그리 많지 않다. 주식시장보다 금시장 거래가 한산한 이유는 각국의 중앙은행이든 금 관련 중개상이든 투자자이든 개인이든 대부분의 금 보유자는 장기 보유를 희망하기 때문이다. 이런 특징이 금 가격을 방어하는데, 그들은 주식, 채권 투자와 같은 단기 거래는 원하지 않는다. 다시 말해, 수많은 사람이 금을 사겠다고 하더라도 금을 보유한 각국의 중앙은행, 중개상, 심지어 개인 투자자들은 팔기를 거절할 뿐이다. 금은 일반적으로 가격 상승 요인이 발생할 때, 사람들에게 팔려는 욕구나 유혹보다는 보유하고자 하는 의지를 더욱더 강화할 뿐이다.

금과 달러

명목화폐(fiat currency)란 금이나 은 같은 현물로 태환이 보증되지 않는 내재 가치가 없는 화폐를 말한다. 명목화폐에서 명목이란 절대적인 권위를 가진 개인, 집단, 단체의 인가, 허가 또는 명령을 가리키며, 정부의 명령 또는 법령에 따라 가치를 부여받은 화폐를 의미한다. 현재 지구상에서 통용되는 모든 화폐는 명목화폐다. 이제 어떠한 주요 지폐도 금이나 은을 담보로 발행되지 않고 오직 국가의 공권력과 신용으로만 발행되고 유통되는데, 법정화폐(fiat money) 또는 신용 지폐(credit money)라 불린다. 돈과 화폐의 전쟁에서 사람들은 늘 화폐의 승리를 예측하지만, 사람들의 맹목적인 신념에도 불구하고 언제나 자유로운 시장에서 선택되는 것은 가치의 재평가를 거친 금과 은이다. 사람들이 금에 열광하는 이유는 빛나는 아름다움, 가공의 용이성, 변하지 않는 안정성도 있지만, 가장 큰 이유는 내재 가치가 있는 진짜 돈으로 오랫동안 인정받아왔기 때문이다. 금 보유자는 금의 달러 가격이 등락할 때 금의 내재 가치가 아닌 달러 가치가 변동하는 것임을 기억해야 한다. 달러에 대한 평가가 좋아 강세를 띨 때 일반적으로 금 가격은 하락하고 달러는 상승한다. 또한 무분별한 달러의 발행, 국가 부채의 증가로 시장의 신뢰를 잃고 약세를 띨 때, 금 가격은 상승하고 달러는 어김없이 하락한다. 이렇듯 명목화폐의 약점이 드러날 때, 진짜 돈 '금'은 확실하고 안전한 피난처가 된다. 또한 주요 경제국에서 불확실성이 커지면, 글로벌 투자자들은 금융 위기가 발생하거나 발생할 우려가 큰 국가에서 투자금을 회수하게 된다. 이에 따라 해당 국가의 통화 가치는 급락하며 금융 위기가 발생한 국가의 통화로 환산한 금값은 어김없이 상승하게 된다. 즉, 금 투자는 금의 달러 가격이 어떻게 움직이는지뿐만 아니라 해당 국가의 통화 대비 환율도 함께 고려해야 한다. 따라서 금은 화폐의 평가절하를 방어할 수 있는 탁월한 자산이며, 개인이나 국가의 유동 자산에서 20% 이상은 항상 금으로 보유해야 하는 중요한 이유가 여기에 있다.

시뇨리지(seigniorage)

화폐를 통치에 활용하기 위해 고대부터 현대까지 국가권력은 화폐 시장에 개입해 이를 통제하려 했는데, 먼저 화폐 발행에 대한 독점권을 확보했다. 특히 근대에는 중앙은행을 통해 화폐를 독점적으로 발행함으로써, 이를 통해 화폐 발행 차익(seigniorage)을 얻으러 했다. 시뇨리지는 화폐의 액면 가치에서 실제 발행 비용을 뺀 차익을 의미한다. 실제로 미국 중앙은행인 연방준비제도는 홈페이지를 통해, 1달러를 발행하는 데 드는 비용이 7.7센트, 10달러는 15.9센트, 100달러는 19.6센트라고 공개한다. 다시 말해 100달러를 발행하면 19.6센트를 제외한 99달러 80.4센트의 수익이 발생한다. 이를 화폐 주조 차익, 인플레이션 조세(inflation tax)라고 한다. 시뇨리지란 봉건시대에 시뇨르(seignior), 즉 영주들이 화폐 주조를 통해 이득을 챙겼던 말에서 유래한다. 실제로 자국 화폐가 다른 나라에서 널리 유통된다는 것은 이자 지급도 상환도 필요 없는 국채(지로 쿠폰)를 발행하는 것과 같다. 이와 같이 불환화폐는 '기축통화국'에 일방적으로 유리한 제도인데, 자국의 수입보다 풍족한 생활을 할 수 있을 뿐만 아니라 인플레이션에 따른 가치 감소만으로도 거래 국가에 대한 빚 부담을 크게 줄일 수 있다. 또한 자국 화폐인 달러를 지급하는 것만으로도 국제 거래상의 무역 적자를 상쇄할 수 있는데, 부채가 한화로 5경 원에 달하는 미국이 아직도 기축통화국의 지위를 유지하는 것은 강력한 군사력에 기반한 달러 패권이 있기 때문이다. 반면, 다른 나라들은 무역과 원유 수입 등에서 기축통화국의 화폐나 금으로 결제해야 하므로 무역 거래에서 항상 흑자를 기록해야만 외환과 금을 얻을 수 있다. 이처럼 재정 적자, 무역 적자에 허덕이는 미국은 각종 금융 파생상품을 만들고 조폐기를 마구 돌려 달러로 구매력을 높이고 해외에 지출되는 돈을 마련한다. 여기에 반기를 든 첫 번째 인물이 프랑스 대통령 샤를 드골이다. 1962년부터 1966년까지 FRB에서 약 30억 달러에 달하는 금을 군함을 파견해 파리로 운반해 갔다. 드골은 "금과 비교할 수 있는 척도나 표준은 아무것도 없다. 겉모습은 금괴나 금실, 금화로 변해도 금의 본질은 절대 변하지 않는다. 금은 세계 보편적이고 인류에게 영구적으로 받아들여지는 존재다. 달러가 누리는 초월적인 지위는 지금 사라지고 있다. 그동안 달러가 이런 지위를 누릴 수 있었던 이유는 미국이 세계 금 비축량의 75%를 보유하고 있었기 때문이다"라고 했는데 논쟁의 여지가 없는 말이다. 오늘날 중국이 미국의 최대 채권국이 되고 달러를 대량으로 보유하고 있지만, 이면에는 신용에 불과한 종이 지폐를 쥐

여주고 중국의 재산을 헐값으로 가져가는 것과 같다. 미래에도 중국이 계속해서 달러를 비축하고 국제 결제와 투자의 주요 수단을 달러로 한정한다면, 재주는 중국이 부리고 돈은 미국이 가져갈 뿐이다. 이런 문제 해결을 위해 중국은 충분한 금을 확보하려 하고 있다. 달러 중심의 국제통화 체제가 붕괴해 세계 무역 거리가 중단되어 국제통화 시스템의 신뢰를 되찾기 위한 브레턴우즈 형태의 회의가 재개될 경우, 중국은 막대한 금 보유량을 무기로 미국과 동등한 목소리를 낼 권한을 갖게 될 것이다.

금과 환율

우리나라는 무역과 원자재의 대외의존도가 높으며, 외화 차입이 많은 국가이다. 대외의존도는 국내총생산(GDP) 대비 총 대외 거래액의 비율로, 수출입은 물론 투자와 자본 이동까지 포함하는 넓은 개념이다. 반면, 수출입 의존도는 국내총생산(GDP) 대비 수출액과 수입액의 합으로, 상품과 서비스 교역에 집중한다. 무역 의존도는 수출액과 수입액의 합계를 국내총생산(GDP)으로 나눈 것으로 수출입 의존도와 비슷하지만, 서비스 무역의 포함 여부에 따라 차이가 있다. 예를 들어 GDP가 3,000조 원이고, 총수출액이 1,000조 원, 총수입액이 800조 원이라면, 수출입 의존도는 60%가 된다. 우리나라는 전통적으로 높은 대외의존도를 유지해왔는데 국내 시장 규모, 자원 등이 부족하여 수출 외에는 대안이 없기 때문이다. 또한 외화 차입이 많다는 것은 늘 외채에 대한 부채 상환의 위험성에 노출되어 있다는 의미이기도 하다. 즉, 단기적으로 외채를 리파이낸스(refinance, 연장)해야 하는 물량이 많다는 뜻이다. 이런 단기 외채 상환이나 만기 연장인 롤오버(Roll Over, 만기에 이른 채권이나 증권 등을 최초 계약과 같은 조건으로 계약을 연장하는 행위)는 단기적으로 원화 약세(환율 상승)를 불러올 수 있다. 이런 이유로 대외 경제 여건 변화, 경제 위기, 외환 위기 등 각종 위험에 항상 노출되어 환율 변동에 민감하다. 그럼, 환율과 금값의 상관관계는 어떨까. 금은 달러로 표시되는 자산이므로 경제 위기가 발생하면 원·달러 환율이 오르면서 국내 금 가격이 치솟는다. IMF 당시 국제 금 시세는 약 20% 하락했지만, 국내 금 가격은 환율 폭등으로 인해 오히려 70% 이상 상승했다. 그뿐만이 아니라 2008년 글로벌 금융 위기에서도 국제 금 시세는 최대 5% 하락하고 국내외 주식은 50% 폭락했지만, 국내 환율이 치솟으면서 국내 금 가격은 60% 상승했다. 즉, 경제 위기가 예상되거나 현실이 되었을 때 굳건히 자산을 지키는 것은 금과 은이다. '위기의 금'이란 말이 여기서도 여실히 증명된다.

환율 변동 시 국내 금 가격 변동

(2025년 5월 30일 기준)

구분	USD /OZS	환율 (USD)	국제 금 가격 적용			금 가격 변동 폭(±)
			OZS	g/원	3.75g /원	
기준 가격	3,292.00	1,379.40	4,540,984.80	145,996.05	547,485.19	
1원 상승	3,292.00	1,380.40	4,544,276.80	146,101.89	547,882.09	396.90
10원 상승	3,292.00	1,389.40	4,573,904.80	147,054.45	551,454.20	3,969.01
100원 상승	3,292.00	1,479.40	4,870,184.80	156,580.08	587,175.29	39,690.10

금과 주식

 일반적으로 은행 금리가 오르면 금값이 하락하고, 금리가 내리면 금값이 상승하는 경향이 많다. 이는 금이 이자를 발생시키지 않기 때문이다. 또한, 전통적으로 주식시장이 안정적이거나 상승 국면에 들어서면 금 가격은 하락하고, 경제 불확실성으로 인해 주가가 하락하면 금 가격은 상승한다.

 하지만 2019년 이후 주가 상승과 같은 방향으로 금 가격이 움직이는 사례가 늘고 있다. 이는 주가가 하락했을 때를 대비해 주식시장의 투자자들이 헤지(hedge) 수단으로 금을 동시에 대입하기 때문이다. 특히, 금리가 낮을 때 금과 주식이 동시에 상승하는 경우가 많았는데, 이는 주식을 사려는 포지션과 금을 사려는 포지션이 같이 움직였다는 의미다. 그런데 금도 장점만 있는 것은 아니다. 다시 말해 현금이나 채권과 달리 금리가 없다. 그 때문에 금리 상승에는 약하다. 그러나 대형 업체끼리 또는 투자자 사이에서는 금의 대출이 이루어지며 이때 수수료가 발생한다. 이를 이자라고 보면 금도 이자가 있다고도 할 수 있다. 이러한 금 대여 요율을 '리스 레이트(leasing rate)'라고 하는데 개인 투자자와는 상관이 없으므로 일반적으로 '금은 금리가 없다'라는 표현이 더 설득력이 있다. 하지만, 최근 국내 시중은행 중 한 곳이 일부 지점에서만 시범 운영에 들어간 상품 중에 고객이 은행에 금을 맡기면 감정을 거쳐 만기 시 감정가의 1.5% 수익을 주는 상품이 출시되었다. 최소 가입 중량 100g, 24K 순금만이 대상이지만 일반인에게 장식용으로 소비되던 금이 이제는 은행에서도 신탁의 형태로나마 바야흐로 이자를 주는 시대가 열린 것이다.

금과 비트코인(BTC)

최근 금값이 급등하고 세계 최대 자산운용사 블랙록이 비트코인을 금의 대체재로 소개하면서, 매체에서 금과 비트코인을 비교하는 기사를 자주 접할 수 있다. 그렇다면 금과 디지털 금으로 불리는 비트코인 중 어느 것에 투자해야 할까. 인류가 경제활동을 시작한 수천 년간 금은 대표적인 물리적 안전자산으로 평가됐다. 하지만, 2009년에 등장한 디지털 자산인 비트코인은 가상공간에서만 존재한다. 블록체인 기술 발전에 힘입어 탈중앙화 금융의 필요성이 비트코인의 등장과 가치를 끌어올렸고, 이제는 디지털 금으로 불리지만, 실물 금과는 안정성 차원에서 뚜렷한 차이가 존재한다. 실제로 상승률만 본다면 비트코인이 압도적이지만, 20년도 채 되지 않은 가상화폐가 인류 역사 5천 년을 함께한 금을 대체한다는 것이 이해되지 않는다. 그래서 아직도 일부 경제학자들과 투자자들은 비트코인을 금과 같은 수준의 안전자산으로 평가하기를 주저하고, 생산적 자산이 아니라 거품이 가득 낀 투기적 수요만 존재하는 현대판 '디지털 튤

립'으로 폄훼한다.

이와 같은 평가의 주된 이유를 다음과 같이 설명한다.

첫째, 비트코인은 사람들의 인식에서 아직 안전자산으로서 신뢰를 주지 못하고 실제 생활에서 활용 가치가 아주 부족하다.

둘째, 투자에서 가장 중요한 가격 변동성이 지나치게 커, 화폐 안정성 측면에서 금을 따라가기엔 역부족이다.

셋째, 채굴량과 관련해 금은 인류가 만들 수 없는 '부증성'이 존재하지만, 비트코인은 2,100만 개로 한정된 장점과 함께 유사한 디지털 화폐의 출현도 우려해야 한다.

넷째, 금은 대부분의 나라에서 보유·거래되지만, 비트코인은 국가별 규제가 다르고 법적·정책적 위험이 있어 일부 국가는 비트코인 자체의 채굴·거래를 금지하고 있다.

다섯째, 금은 물리적 자산이므로 보안 문제가 적지만, 비트코인은 양자컴퓨터의 발전으로 암호, 블록체인 기술의 해킹 위험이 있다.

이와 같이 비트코인은 활용 가치와 안정성이 확보되어야 '디지털 금'으로 인정받을 수 있을 것이다. 또한, 최근 들어 비트코인 가격과 금값의 흐름이 반비례를 보이는 탈동조화 현상이 이어지는 것은 불확실성이 많은 디지털 금보다는 이미 사람들에게 안정성과 믿음이 검증된 실물 자산 금 선호 현상이 반영된 것으로 보인다.

금화

 전통적으로 금화는 작은 액수의 동전처럼 유통될 적은 없다. 이는 금화의 가치가 너무 컸기 때문인데, 평민들 사이에서 유통되는 경우는 극히 드물었다. 대부분의 금화는 국가 간의 해외무역 등에 주로 사용되었다. 기원전 7세기, 리디아의 마지막 국왕 크로이소스가 금과 은을 섞어 주조한 '스타테르(고대 그리스 화폐 단위)' 금화를 제작했는데, 이것이 인류 금화 주조의 효시이다. 그는 순도가 낮은 금과 은을 제련하고 불순물을 걸러내는 금 제련소도 인류 최초로 만들었는데, 이때부터 금은 장식이라는 가치에서 벗어나 비로소 화폐의 역할을 추가하고 중요성을 높여간다. 놀라운 것은 화폐에 액면가, 무게, 규격 등 엄격한 기준을 적용했으며 소액 거래를 위해 3분의 1, 6분의 1, 12분의 1과 같은 액면가가 낮은 금화도 만들었다는 점이다. 이후 금화는 페르시아, 마케도니아, 로마, 비잔틴 제국의 번영을 유지하는 절대적 수단이 된다. 인류의 역사에서 금으로 주화를 만들어 사용한 나라는 많았지만, 일반 대중에게까지 보급된 경우는 흔하지 않았다. 그러나 17세기 중반, 영국은 가장 먼저 금융 체계에서 금의 지위를 강화했고, 19세기에서 20세기까지 상당 기간 세계 경제를 주도한다.

이 무렵 영국에서는 금화의 질을 검사하는 주된 방법으로 리디아에서 이용된 시금석 검사법을 사용했다. 또한, 순도에 대한 분쟁이 생기면 런던금세공인조합(Goldsmith Company)이 판정을 맡았다. 12명의 세공인과 시민 12명이 배심원단을 구성해 '영국 왕립 조폐국'에서 발행한 주화의 공개 검사를 주관했다. 검사의 전 과정을 공개한 것은 유럽 전역에 영국 화폐가 통용될 수 있도록 장려하기 위해서였다. 실제로 1124년 화폐의 질이 떨어지면서 대중들이 영국 화폐를 신뢰하지 않자, 헨리 1세는 약 200명에 이르는 왕국 내 화폐 제조 명인들을 소집해 거의 절반에게 오른손을 자르는 벌을 내렸다.

유럽뿐만 아니라 중국에도 황금과 화폐에 관한 긴 역사가 존재한다. 사마천의 『사기·평준서』에 '우(虞)나라와 하(夏)나라에서는 화폐인 금을 황색, 백색, 적색 세 등급으로 나누었다(황색, 백색, 적색은 금, 은, 동을 말한다)'라고 기록되어 있다. 중국에서 출토된 최초의 금화는 지금으로부터 2,300여 년 전의 전국시대 초(楚)나라 '영애'다. '영'은 선진시대 초나라 도성 이름이며, '애'는 중량 단위로서 1애는 약 250g에 해당한다.

또한, 우리나라에서도 한때 금화를 주조한 시기가 있었다. 조선 광무 2년(1898년)에 금화를 본위화폐, 은화를 보조화폐로 정하려 했으나 러일전쟁으로 실행되지 못하다가 1905년 1월 금본위제도의 실시로 금화가 발행되었다. 그러나 1910년 일본에 의해 금화 발행량 대부분이 회수되어 용해되었다. 이런 이유로 당시 탈행된 '대한제국 5원, 10원, 20원 금화'는 역사적 중요성과 희소성으로 인해 현재 수억 원에 거래되고 있다.

불리온 금화(Bullion Coin)

금본위제가 사라진 시대에 화폐의 가치를 믿지 못하는 사람들 사이에서 금화를 자산으로 보유하는 경우가 많았는데, 이는 국가의 화폐 체계가 붕괴하더라도 금이나 은은 가치를 유지하기 때문이다. 그리고 몇몇 국가에서는 중앙은행이 불리온 주화(Bullion Coin)를 발행하는데, 액면가가 새겨진 금화로 순도와 무게를 보증한다. 액면가는 발행 국가에서 통용되는 통화, 예를 들어 미국 달러, 캐나다 달러, 중국 위안화, 유로, 영국 파운드 등을 새긴다. 한국도 한때 금화를 주조한 시기가 있었다. 1882년(고종 19) 금화의 통용을 결정하고 1888년 주조, 유통을 시도했다가 실패했다. 대한제국 시기에 발행한 금화는 현재 금 가치보다 희귀 골동품으로 고가에 거래된다. 해방 이후에는 정부 주도의 금화 주조는 하지 않았지만, 1988년 서울올림픽 기념주화, 1995년 8·15 광복 50주년, 2002년 한일 월드컵 기념주화를 제작한 바 있다. 투자를 생각한다면, 발행량이 적은 기념주화 중에서도 모든 화종이 구성된 세트를 구매하는 것이 유리하며,

발행된 상태로 박스, 케이스, 보증서(COA) 등이 오염, 훼손, 분실되지 않도록 보관해야만 제대로 된 가치를 평가받을 수 있다. 참고로 예전에는 액면가가 새겨진 건 주화, 액면가가 없으면 메달로 취급해 관세의 차이가 있었으나, 현재는 통상 액면가 이상으로 거래되는 지급수단들은 골드바처럼 취급된다. 아울러 국내 온라인 시장이나 일부 금거래소에서도 해외 금화를 구매할 수 있다.

불리온 금화

발행 국가	명칭	순도(K)
미국	골드 이글(Gold Eagle)	순도 91.67%(22K)
캐나다	메이플 립(Maple Leaf)	순도 999.9%
영국	브리타니아(Britannia)	1987년 91.67%, 2013년 이후 999.9%
오스트리아	필하모닉(Philharmoniker)	순도 999.9%
호주	캥거루(Kangaroo)	순도 999.9%
중국	판다(Panda)	순도 999.9%
남아프리카공화국	크루거란드(Krugerrand)	순도 91.67%(22K)

제3장

금의 특성

금의 물리적 특성

금은 우주적 기원을 가진 원소이다. 초신성 폭발이나 중성자별 충돌과 같은 극한의 사건이 일어나야 생성되는 물질로, 우주에서 생성된 금이 운석이나 소행성과 함께 지구로 유입되었고, 지각 내 마그마 활동으로 금광맥이 형성되었다. 신비스러운 탄생의 비밀을 가진 금은 인류 역사상 가장 오랫동안 화폐의 역할을 해왔다. 현재도 화폐시장에서 역할과 기능이 명확하며, 앞으로도 현재의 지위는 지속될 것으로 예상된다. 금은 지각 암석 1톤당 약 0.0035g의 소량이 함유되었고, 산화와 부식에 강한 물리적 특성을 갖고 태어났다. 또한 금은 어떠한 가공을 해도 본질적인 금속 성질이 사라지지 않는 특성을 지니고 있다. 벽화, 불상, 반지, 목걸이, 골드바 등 그 모습과 상관없이 똑같은 성질을 갖는다. 금의 화학기호인 Au는 라틴어 'Aurora'에서 유래했으며, '빛나는 새벽'을 의미한다. 금은 놀라울 정도로 밀도가 높아($19.32g/cm^3$) 1세제곱미터의 무게가 약 19.3톤이나 된다. 이는 같은 부피의 물과 비교하면 19배나 더 무겁다. 그리고 금은 매우 부드러운 금속으로, 가로·세로·높이 1인치(2.54㎝) 크기의 정육면체 금을 두드려 펴면 가로·세로·높이 10m인 공간에 모두 금박을 입힐 수 있다. 또한 1g짜리 순금을 두드리면 3㎞나 되는 금사를 뽑을 수 있고, 금 1온스면 90㎞가 넘을 만큼 연성과 가공성이 좋다. 금은 지구상의 다른 원소와는 달리 화학적으로 매우 안정적이어서, 지금까지 채굴된 거의 모든 금이 여전히 우리 주위에 존재하고 있다. 실제로 우리가 몸에 착용하고 있는 반지나 목걸이에도 고대 이집트, 중세 유럽, 고구려, 신라시대에 채굴된 금이 섞여 있을 수도 있다. 모든 금속이 녹슬고 부식되더라도, 금은 언제나 새것처럼 우리 곁에 존재하고 수만 년이 지난 후에도 그러할 것이다. 화학적 저항성과 안정성, 높은 밀도와 가공에 유리한 유연성 등 단순한 화학적, 물리적 특성이 황금의 아름다움과 이용 가치를 증명한다. 심지어 영어 단어 'gold'조차 '노란색'을 의미하는 고대 언어 'Gero'에서 유래했다. 고대 이집트 지배층들은 이러한 금의 아름다운 광채에 매혹되어, 금가루와 은가루를 섞어 얼굴에 바르기도 했다.

금 생산

금은 다른 금속과 섞이지 않지만, 가느다란 금맥은 지표의 틈을 채운 화강암과 암석들에 의해 수억 년 동안 눌려 있고 전 세계 곳곳에 흩어져 있다.

금은 자연에서 다양한 형태로 존재하며, 이를 채굴하는 방식에는 물리적 방법과 화학적 방법이 있다. 물리적 방법은 금광에서 금이 포함된 암석을 뚫어 채취하는 방법과, 강이나 호수 근처의 퇴적물에서 금을 얻는 방법이다. 금은 다른 금속에 비해 밀도가 높아 가라앉는 성질이 강하다. 이를 활용해, 패닝(Panning) 접시나 슬루스 박스(Sluice Box)를 이용해 물리적으로 분리하는 것이다. 고대에는 털이 수북한 양가죽을 이용했는데, 비중이 높은 금이 물속에 놓인 양털에 달라붙게 하는 원시적 방법이었다. 최근에 금을 채취하러 다니는 동호회 활동이 활발한데, 금을 누구나 손쉽게 찾을 수 있는 것은 금이 밀도가 높고 무거워 물속에서 다른 금속과 분리되는 경향에 기인한다.

화학적 방법으로는 1800년 중반에 개발된 기술로, 광석에 시안화물을 넣어 용해한 후 분리된 금을 아연으로 침전시키는 방법(Cyanide process 청화법)과 암석을 미세한 가루로 분쇄하여 물과 혼합시켜 진흙 상태로 만든 후, 수은을 첨가해 금과 반응하게 한 후 수은을 태워 금을 추출하는 방법(Amalgamation, 혼홍법)이 있다. 하지만 두 방식 모두 유독성이 문제되어 최근에는 규제가 강화되는 추세다. 이러한 현지 광산에서의 원석 화학 처리로 만든 금은 일반적으로 60~80% 수준의 순도를 가진 '도레 바(Dore bar)'이다. 이후 제련 공장으로 옮겨져 '밀러 염소 처리법(Miller chlorination)', '홀월 전해 처리법(wohlwill electrolytic)'을 거쳐 순도를 높인다. 일련의 정제 과정을 거친 금은 최종적으로 '금괴(Ingot)' 형태로 만들어져 주조 시장에 공급된다. 1930년대에는 700톤, 제2차 세계대전 이후에는 1,000~1,300톤 정도의 금이 채광되었고, '퇴적 침출법(Heap Leaching Method)'이 완성된 1960년대 이후에는 아주 미세한 금도 모두 추출할 수 있게 되어 생산량이 예전 방식보다 대폭 늘어나게 된다. 금광의 채산성을 나타내는 '품위'는 광석 1톤당 금이 얼마나 함유되었는지를 나타내는데 보통 g 단위를 사용한다.

도시 광산

우리가 사는 도시에도 금을 생산하는 '광산'이 존재한다. 일반적으로 광산이라 하면 지하 광물을 채굴하는 모습을 떠올리지만, 도시에는 이미 다른 형태의 도시 광산(Urban mining)이 설치·운영되고 있다. 국내에서 매년 발생하는 폐가전과 자동차 부품은 수십만 톤에 이르고, 이들 산업폐기물 안에는 재활용이 가능한 금, 은, 희귀금속이 다량 포함되어 있다. 도시 광산은 1986년 일본 도호쿠 대학 선광제련연구소의 난조 미치오 교수가 주창한 방식이다. 일반적인 광산과 비교해 도시 광산은 도시 안에서 배출되는 폐기물에서 추출되므로, 인구 밀도가 높은 도시 지역에서 효율적인 운영이 가능하며 무엇보다 자연에서 채굴하는 금보다 회수하는 금이 더 경제적이고 효율적이다. 국내에서 재활용되지 못하고 버려지는 금속 광물은 연간 400만 톤, 금액으로 7조 원 이상으로 추산한다. 이런 순도 높은 금속 추출 기술인 도시 광산은 기존의 금 채굴과 비교하면 환경오염을 최소화하면서 자원을 효율적으로 재활용할 수 있다. 1톤을 기준으로 추출할 수 있는 금은 금광석에서는 약 5g이지만, 폐가전 20g, 폐컴퓨터 53g, 폐휴대전화는 무려 200~400g, 은 3kg, 구리는 100kg까지 얻을 수 있다. 여기에 부가적으로 팔라듐, 인듐, 탄탈룸, 코발트 등 30여 종 이상의 금속이 추가로 추출된다. 한국은 자원 빈국으로 금속 광물자원의 98% 이상을 수입하는 대표적인 수입국이면서 첨단 산업이 발달한 나라다. 자원 확보를 위해 정부와 기업이 최선을 다하고 있지만, 지하자원이 부족하고 기존 광산은 환경적 이유로 개발할 수 없는 실정이다. 이런 이유로 친환경적인 방법으로 자원을 재활용하는 도시 광산은 시간이 지날수록 필요성 면에서 주목을 받게 될 것이다. 수행 과정은 사용 후 폐기된 제품에 대한 '수집-분리·분류-선별-제련-정련' 과정을 통해 광물자원을 회수하는 방식으로 진행된다. 금을 추출하기 위해서는 제련(Smelting)과 정련(Refining) 과정을 거쳐야 한다. 제련은 광석에서 금속을 추출하는 과정으로, 정제라고도 한다. 정련은 제련된 금속의 불순물을 제거해 순도를 높이기 위한 과정이다. 회수된 부품이나 스크랩 등에서 금이 함유된 부품만을 떼어내 염산과 질산을 3대 1로 혼합한 '왕수 정제(Aqua Regia)' 또는 시안화나트륨 용액을 사용해 금을 녹이고 아황산나트륨으로 침전시켜 금을 추출하는 화학적 정련 및 전기분해를 이용한 전해 정련을 거쳐 불순물을 제거하고 고순도의 금을 생산한다. 이 중에서 전해 정련은 99.99% 이상의 순도를 확보할 수 있는 정련 기술로, 반도체 및 정밀 산업에서 활용되는 고품질 금을 생산하는 필수 기술이다. 항공우주와 반도체 등에 사용되는 순금은 절연 방지를 위해 '포 나인(99.99%)'을 넘어서는 고순도를 요구한다. 자동차를 비롯한 모든 생활용품이 점차 자동화되고 시스템화되면서 수요가 증가하고 있으며, 친환경 에너지 보급에 발맞춰 태양광 패널, 전기차 배터리 등의 수요가 폭발적으로 증가하고 있다. 따라서 자원 수급의 안정과 순환 경제의 구축을 위해서도 도시 광산의 필요성은 더욱 공고해질 것이다.

금 지상 재고

지난 몇 달간 금 가격이 최고 수준이라는 데에 의문의 여지가 없다. 금은 대표적 안전자산으로 정치, 경제, 사회 등 다양한 위기 시에 어김없이 수요가 증가해 금 가격은 상승한다. 코로나-19로 인한 불안 심리, 달러 가치 하락에 대한 우려, 러시아 우크라이나 전쟁, 이스라엘 전쟁 등 여러 이유가 복합적으로 작용하여 금 가격을 천정부지로 끌어올렸다. 2019년 말 기준, 지구상에서 채굴된 금의 총량은 약 197,576톤이다. 반올림하면 대략 20만 톤 수준이다. 그런데 이 금의 절반 정도는 50년 이내에 채굴된 것이고, 현재 유통되는 금의 90% 이상은 골드러시가 시작된 1848년 이후에 채굴된 것이다. 그전까지 인류가 채굴한 금의 양은 1만 톤에 불과했다. 전문가들의 추론에 따르면 앞으로 채굴할 수 있는 금 중에 경제성이 있는 것은 약 5만 톤 남짓이고 2050년 무렵이면 채굴이 가능한 금 자체도 거의 없을 것으로 예상한다. 하지만 금의 화학적 안정성으로 말미암아 지금까지 인류가 채굴한 금 전체를 추산한 것에 불과하므로 실제로는 더 많을 것으로 추정한다. 금은 원유나 곡물처럼 소비되어 사라지는 재화가 아니며, 골드바나 장신구 등 형태만 바뀔 뿐 한번 채굴된 금은 영원히 남는다. 매년 생산되어 캐낸 금을 '지상 재고'라 표현하는 이유는, 수급 자료에서 한번 구매했다가 환매로 다시 시장으로 나오는 금 제품을 '리사이클(재생금)'이라 부르며 따로 집계하고 있어서이다.

세계 총 금 재고 현황

(자료: WGC, 미 지질학연구소)

1. Jewellery(장신구)	92,947 ton	47.0%
2. Private Investment(민간투자)	42,619 ton	21.6%
3. Official Holdings(중앙은행)	33,919 ton	17.2%
4. Other(기타)	28,090 ton	14.2%
5. Below ground reserves(미채굴)	54,000 ton	
Total above-ground stocks (지상 재고)(end~2019)	197,576 ton	

우리나라도 금 생산국

누구나 한 번쯤 경주를 방문해 박물관에서 화려한 문양의 황금 유물을 본 적이 있을 것이다. 금관부터 금제 허리띠, 귀걸이, 목걸이까지 천 년 전 기술이라곤 믿기지 않을 정도의 금속 제련, 가공 기술에 놀란다. 신라가 '황금의 나라'라고 불리는 이유기도 하다. 고구려와 백제시대 때 많지 않았던 금 관련 유물이 4세기 후반 신라시대에서 자주 출토되는데, 세계적으로도 유례가 없을 정도다. 신라시대 금의 출처에 대해서는 여러 학설이 있는데 대표적인 것이 '금광설'과 '수입설'이다. 하지만 경주와 인근 지역에는 금광이 존재하지 않고 신라가 당나라에 금을 조공했다는 기록은 있어도, 신라가 금을 수입했다는 내용은 없다.

신라 황금 유물에 대한 의문의 답은 '사금(砂金)'이다. 사금은 자연적으로 침식된 금광석에서 떨어져 나온 금 알갱이가 수천 년간 하천을 따라 이동하면서 강바닥이나 모래톱에 쌓인 것인데, 사금의 비중은 대략 15~19이다. 물의 비중이 1이고 철의 비중이 7이다 보니 자연스럽게 하천 바닥에 쌓이게 된다. 신라 왕궁이었던 경주 월성 앞 하천을 비롯해 경주 지역 곳곳에서 꽤 많은 양의 사금이 발견된다. 모두 순도 70~80%에 이르는 18K 정도의 사금들인데 세계적으로 희귀하고, 일반 사금보다 순도가 20% 이상 높은 구슬 모양의 구상 사금이 발견되기도 한다. 신라시대 때는 현재보다 사금 채취 환경이 좋았을 것으로 추정된다. 실제로 조선총독부 자료에도 월성을 비롯한 경주 지역 4곳에서 사금이 채취됐다는 기록이 발견돼 이를 뒷받침하고 있다. 금은 우주에서 온 금속으로 경주에 금이 많다는 것은 우리나라에도 금이 널리 분포되어 있다는 방증이기도 하다. 실제로, 일제 강점기 시절인 1939년에는 연간 31톤을 생산해 세계 금 생산량의 4%를 차지했다. 정부 수립 후에는 채광 비용이 많이 드는 금 대신, 아연, 중석, 석회석 위주로 광업 정책이 시행되어 국내 생산 금은 구리 등 다른 광물을 제련하는 과정에서 부산물로 생산되는 것이 전부다. 일부 자료의 추정치로 남한 지역의 금광석 매장량은 약 550만 톤으로 1톤에 평균 7.4g의 금이 함유된 것을 고려하면 약 41톤의 매장량이 있다.

전국 사금 채취 명소

(과거의 금광 지역이나 금 관련 지명이 있는 곳)

지역	사금 채취 장소
경기도	양평군 강하면 항금리, 여주군 금사면, 포천군 영중면 금주리, 포천시 신북면 포천천, 한강 하구
강원도	인제군 상남면 미산리, 정선군 화암면 몰운리, 정선군 동면 화암관광단지, 정선군 화암면 화암리, 정선군 북동리, 정선근 신동읍 천포리, 태백시 혈리굴, 횡성군 안흥면, 홍천군 혀천 등
경상도	경주 월성 앞 문천
전라도	김제시 금구면과 금산면, 순창 상촌교 건곡교 하천 일대
충청권	영동 금강 일대

국가별 금 보유량

금은 역사적으로 화폐의 진정한 가치를 뒷받침하는 중요한 자산으로 각국의 중앙은행은 지금까지 채굴된 금의 약 5분의 1에 해당하는 36,000톤을 외환보유액의 일부로 보관하고 있다. 금값이 연일 사상 최고치를 돌파하며 고공행진을 하는 가운데, 글로벌 중앙은행들은 금 사재기에 나섰다. 하지만 한국은행은 2013년 20톤의 금 매수 이후 금 보유량이 제자리인데, 그 이유로 "금은 이자가 붙지 않는 무수익 자산이고 보관료를 따로 내야 하기 때문이다"라는 견해를 밝혔다. 또한, 한국은행 자료에 따르면 2024년 10월 말 기준 외화보유액 9위인 한국(4,157억 달러)과 10위인 독일(3,970억 달러)의 금 보유량은 약 30배 차이를 보인다. 국가가 보유한 금은 경제 안정에 있어 매우 중요한 안전자산이다. 무엇보다도 중앙은행은 환율, 금리, 인플레이션 등 위험에 대한 헤지(Hedge) 수단이자, 금융 불확실성에 대한 완충장치로서 금을 보유한다. 세계금위원회에 따르면, 각국의 중앙은행이 최근 3년 연속으로 매년 총 1,000톤이 넘는 금을 매입했다.

또한 2009년부터 각국의 중앙은행들은 지난 10년 동안 전 세계에서 생산되는 금의 8분의 1을 사들였다. 가까운 미래에 한국이 금 보유를 확대할 가능성은 여전히 남아 있다. 최근 몇 년간 금 가격이 꾸준히 상승하고 있으며 경제 규모와 외환보유액 대비 금 보유량이 다른 나라와 비교해 대단히 낮기 때문인데, 미국 금리의 향방, 미·중 관세 전쟁에 따른 환율 변동, 상시로 준비해야 하는 금융 위기 가능성, 다양한 외화 자산 보유 등이 한국은행으로 하여금 금 매입의 필요성을 느끼게 할 수도 있다.

국가별 금 보유량

(2024년 1분기 기준)

순위	국가	금 보유량(톤)	외환보유액 대비
1	미국	8,133.5	69.6%
2	독일	3,352.6	68.6%
3	이탈리아	2,451.8	65.5%
4	프랑스	2,436.9	67.1%
5	러시아	2,332.7	25.7%
6	중국	2,226.4	4.3%
7	스위스	1,040.0	8.4%
8	일본	846.0	4.4%
9	인도	803.6	8.6%
10	네덜란드	612.5	57.9%
36	한국	104.4	1.7%

출처: 세계금협회(WGC, World Gold Council)

국가별 금 생산량

순위	국가	2023년 생산량(톤)	2022년 기준 매장량(톤)
1	중국	370	1,900
2	호주	310	8,400
3	러시아	310	6,800
4	캐나다	200	2,300
5	미국	170	3,000
6	카자흐스탄	130	1,200
7	멕시코	120	1,400
8	인도네시아	110	2,600
9	남아프리카공화국	100	5,000
10	우즈베키스탄	100	1,800
11	가나	90	1,000
12	페루	90	2,900
13	브라질	60	2,400

참조: 미국지질조사국(USGS) 2022년 매장량, 2023년 금 생산량

금 선호 국가

연간 생산된 금의 약 50%는 보석과 장신구로, 40%는 투자용으로 사용되며, 나머지 10%가 산업용으로 이용된다. 아시아 경제가 급속한 성장을 보이면서 금 소비 또한 빠르게 증가하고 있다. 금값을 논할 때 빠지지 않는 두 나라가 있는데, 바로 중국과 인도다. 세계에서 금을 가장 많이 소비하는 나라는 인도로, 연간 800톤의 금을 주로 장신구 제조에 소비하며, 이 중 400톤을 수입에 의존한다. 다음은 중국으로, 약 400톤을 주로 장신구 제조에 소비한다. 우리나라의 장신구용 금 소비량은 연간 20톤 미만이다. 중국은 역사적으로 돈보다 금을 중시하는 통념이 강한데, 이는 민족의 흥망성쇠 속에서 싹튼 듯하다. 중국의 금 보유는 2000년에 장신구를 시작으로 2005년에는 골드바로 투자 분야가 허용되었다. 중국의 특징은 투자용 금을 보석상과 더불어 은행 창구에서도 판매한다는 점이다. 2009년 9월부터 대형 국유은행 4곳인 중국은행, 중국 공상은행, 중국 농업은행, 중국 건설은행의 창구에서 시작해 다른 은행의 판매도 단계적으로 확대

했는데, 정부가 금 판매를 장려했다. 이러한 배경이는 2008년 리먼 사태 다음 해인 2009년 3월부터 미 연방준비제도 이사회(FRB)가 양적 완화책에 나선 것이 계기가 되었다. 중국 인민은행(중앙은행)이 외화 준비로 보유하는 금을 늘리면서 민간에도 금 보유를 장려했는데, 이는 달러 가치 하락을 우려해 금 자산을 자국 내에 확보해두려는 움직임으로 보인다. 실제로 중국 정부는 자국에서 처굴된 금을 수출 제한 품목으로 지정하고 있다. 또한 인도는 인구의 60% 이상이 농촌 지역에 거주하지만, 종교적 이유로 금을 사는 데 주저함이 없다. 13억이 넘는 인구 중 80%가 힌두교도인데, 찬란하게 빛나는 금은 마귀를 쫓아내는 효과가 있어 금을 많이 보유할수록 '부(富)'가 모인다는 종교적 신념이 있다. 전통적으로 시집가는 딸에게 부모, 친지가 보내는 혼례용 금이 핵심 수요다. 힌두 축제나 새해가 겹치는 4~5월, 10~11월 혼례 시즌이 인도의 대표적인 금 수요기에 해당한다. 인도는 만성적인 경상 적자에 시달리지만, 수입품목 1위가 원유이고 2위가 금일 정도로 금에 진심인 나라다. 중국과 인도의 공통점은, 서구의 금융기관들이 금 현물이 아닌 금 가격을 중시하는 데 반해 이들 두 나라는 현물 금 자체를 원한다는 점이다. 인도와 중국 같은 대국뿐만 아니라 중국 문화권인 대만, 인도네시아, 말레이시아 등 아시아 지역 전반으로 금 수요 증가율이 매년 높아지고 있는데, 이들 국가는 전통적으로 금을 선호해왔기에 경제 성장이 거듭될수록 금 시장은 호황을 맞을 수밖에 없을 것으로 예상한다.

금 통제

 사회의 기반을 무너뜨릴 수 있는 가장 확실하고 교묘한 방법은 통용되는 화폐 가치를 떨어뜨려 통화에 대한 신뢰를 붕괴시키는 것이다. 이런 상황을 미연에 방지하기 위해서 유일하게 획득해야 하는 것이 바로 금이다. 인류 역사가 시작된 이래 지금까지 인류가 가장 안전하다고 인정하는 화폐는 금이었고, 사람들은 오래전부터 금을 모으기 시작했다.

 그러나 1933년 미국 대통령 프랭클린 루스벨트는 전국 모든 은행의 휴업을 선언하고 외환거래를 동결시켰다. 또한, 금을 연방준비제도에 귀속시키고, 연준이 발행한 달러로 표시된 예금증서로 전환하거나 일상적으로 쓰이는 주화와 화폐로 교환해야 하는 대통령 행정명령 6102호를 선포했다. 그리고 은행이 다시 문을 열더라도 태환을 금지한다는 내용도 포함되었다. 그는 미국 국경 내에 존재하는 화폐로서의 금과 미국으로 수입된 화폐로서의 금은 모두 정부에 제출되어 연방정부 이외에는 그 어떤 개인, 기업, 정치 단체도 화폐로 쓰이는 금을 소유하지 못하도록 했다(단, 금 장신구, 금으로 만든 예술 작품 제외). 그리고 이듬해에 달러의 평가절하를 선언했다. 금 1트로이온스당 20.67달러에서 35달러로 40.09% 평가절하한 것인데, 무력을 동원하지 않고 미국 정부가 국민에게서 금을 강탈해 간 것이다. 금 몰수 행정명령으로 금은 사실상 통화로서의 생명이 끝났다. 가장 큰 피해를 본 사람은 국가의 명령을 따랐던 시민들이었다. 불법임에도 금을 숨겼던 사람은 루스벨트의 압력에 힘입어 오히려 그전보다 약 70%의 이익을 봤다. 실제로 시중에 유통되던 금 가운데 행정명령으로 정부 손에 넘어간 것은 22%에 불과했고, 금을 숨기거나 사재기 했다고 체포되거나 처벌을 받은 사람은 없었다. 그러나 미국 정부의 노력에도 종국에 승리를 거둔 것은 금이었다. 1974년 금 소유에 관한 제한 조치가 사라지자, 조폐국과 금 가공업자들은 사람들이 금을 구매해 저장할 수 있도록 금 주화와 작은 골드바를 출시하기 시작했다. 이러한 현상은 금 주산지인 남아프리카공화국에서 시작되었는데, 1967년부터 크루거란드(krugerrand)라는 1온스짜리 금화를 만들기 시작하여 1970년대 금융 위기 동안 수백만 개가 판매되었다. 아무튼, 금화의 실질 가치는 그것의 희귀성 또는 발행 국가가 아니라 금 함유량의 순도와 무게에 의해서만 결정되었다.

위기의 금

　금은 돈의 가치에 의문이 들 때 가장 먼저 떠올려야 하는 자산으로, 인류가 경제활동을 시작한 이래로 가치를 인정받는 유일무이한 자산이다. 오늘날에도 금은 위기 상황에서 항상 그 지위를 더 공고히 하고 있다. 금융 위기 속에서 달러, 유로, 위안화 등 화폐가 신뢰를 상실하는 상황에서도 금은 공포를 예측할 수 있는 척도로 중요한 임무를 수행한다. 금융과 경제가 비교적 안정적으로 운영되던 1990년대 금값은 대체로 3만 5천 원에서 5만 5천 원 사이를 오갔다. 그러나 경기 침체의 공포와 경제 위기에 늘 대비해야 하는 개인과 국가는 자산을 지키는 최소한의 방법으로 반드시 유동 자산의 포트폴리오에 금을 포함해야 한다. 금은 인플레이션과 디플레이션 모두에 강하다. 이것은 다른 자산에서는 볼 수 없는 유일무이한 특징이다. 디플레이션일 때 가치가 오르는 금융자산을 처분하고 실물 자산에 투자하는 것은 일반적이지 않다. 그러나 금은 디플레이션일수록 진정으로 믿을 수 있는 국적 없는 통화로 매입되며, 지폐보다 더 가치 상승률이 높은 통화로 주목받는다. 즉, 금은 어떤 상황에서도 실질 구매력을 유지할 수 있는 안전자산이기 때문이다. 주의할 점은 인플레이션일 때의 금값은 단기 급등, 단기 급락할 수 있으므로 분할 매수를 통한 스텝 바이 스텝의 장기 투자를 반드시 실천해야 한다.

미국의 디플레이션과 금, 은, 상품 가격

디플레이션 시기	금 가격	은 가격	상품 가격
1814~1830	100% 상승	89% 상승	50% 하락
1864~1897	40% 상승	27% 상승	65% 하락
1929~1933	44% 상승	5% 하락	31% 하락

출처: 마스다 에츠스케, 『위기와 금』

금 생산 감소

금은 기원전 4,000년쯤 메소포타미아에서 처음 사용된 것으로 전해지며, 금화로 주조된 것은 기원전 600년경 리디아 왕국의 '호박금'을 최초로 추정한다. 이후 로마 제국, 중세 시대, 르네상스를 거치면서 다양한 금화가 발행되었고 이후 화폐가 발행되면서 금본위제를 위해 정부, 은행, 중앙은행의 금고에 보관되었다. 만약 지구상에 금이 많이 존재한다면 금은 지금과 같은 대접을 받을 수는 없을 것이다. 남아프리카에서 매년 생산되는 500톤의 금을 추출하기 위해서는 700~900만 톤의 흙을 파내고 분쇄하고 화학 처리를 해야 하는데, 높은 압력의 물을 바위와 구릉지에 강타하면 흘러내리는 토사들로 인근 지역은 초토화된다. 이후, 미세한 금가루를 얻기 위한 과정에는 다량의 청산칼리, 산, 납, 붕사, 석회 등이 필요한데, 금을 채취하는 현장이 아프리카 등 오지에 있는 이유가 이러한 환경적 재앙을 감수할 만한 선진국이 존재하지 않기 때문이다. 그래서 기후 위기와 관련해 광산기업들에 높은 수준의 환경 규제가 도입될 것으로 예상한다. 세계에서 가장 큰 금광 기업 중 하나인 '배릭 골드'는 최근 사업보고서를 통해 사업을 지속하기 위해서는 2030년까지 온실가스 배출량을 30% 줄이는 것을 목표로 하는 세부 로드맵을 발표했고, 이 영향으로 시장 수요에 비해 공급이 부족할 것으로 예상한다. 실제로 세계금협회(WGC)에 따르면, 2023년 기준 금 채굴량은 연간 약 3,500톤 수준이지만, 2030년 이후에는 이보다 최대 30%가량 감소할 것으로 예상한다. 이처럼 물리적인 채굴량과 환경 규제 등으로 금 생산량이 줄어드는 것은 시간문제이지만, 현재의 과학 기술로는 금을 대체하는 신소재를 개발하는 것이 불가능하여 금값은 더 상승할 것으로 예상한다.

제4장

금 매매

금 가격 계산

금 가격은 수요와 공급, 금리, 경기 예측, 지정학적 위험, 환율 등 다양한 원인이 복합적으로 작용하여 국제 금 시세를 형성하는데, 뉴욕, 런던 금거래소의 국제 시세 변동에 따라 매일 판매 가격이 조정된다. 예를 들어 금 1g 가격은 해당일 금 1트로이온스 가격 3,312.08달러, 환율 달러당 1,384원일 때 국제 금 가격(3,312.08달러) × 환율(1,384원) ÷ 31.1034768g = 147,376원(원/g 중간이윤, 부가가치세 포함 전)과 같이 결정된다.

1돈 기준가격(552,661.53원) = 147,376.41원 × 3.75g
판매 가격 = 기준가격 + 부가가치세 + 관세 + 유통 비용(중간이윤 포함)

24K 판매 가격	기준가격 + 부가가치세 + 관세 + 유통 비용(마진 포함)
18K 판매 가격	24K 판매 가격 × 0.825
14K 판매 가격	24K 판매 가격 × 0.641
10K 판매 가격	24K 판매 가격 × 0.458

금 기준가격 변화

일자 (5월 첫 거래일)	국제 금 가격 (USD/ 트라이온즈)	원/달러 환율 (원/USD)	기준가격 (원/g)	기준가격 (원/3.75g)
2016-05-02	1,294.62	1,139.50	47,429.74	177,861.52
2017-05-02	1,255.22	1,130.50	45,622.89	171,085.83
2018-05-02	1,309.42	1,076.50	45,319.72	169,948.95
2019-05-02	1,271.11	1,165.00	47,610.48	178,539.30
2020-05-04	1,705.41	1,225.50	67,194.69	251,980.08
2021-05-03	1,776.74	1,122.00	64,092.92	240,348.45
2022-05-02	1,881.59	1,267.00	76,646.92	287,425.95
2023-05-02	1,981.12	1,342.50	85,510.22	320,663.32
2024-05-02	2,303.93	1,376.50	101,961.96	382,357.35
2025-05-02	3,312.08	1,384.00	147,376.41	552,661.53

출처: 우리은행 spot.wooribank.com>pot 기간별 금 가격 조회

트로이온스(Troy Ounce)

　금의 순도를 측정할 때 캐럿(Karat)이라는 단위를 사용한다. 예를 들어 24캐럿은 금의 순도가 100%이다. 그리스어의 keration, 아랍어의 qirat, 이탈리아어 carato에서 유래한 캐럿은 원러 순도보다는 무게를 측정하는 단위였다. 캐럿은 콩과 세라토니아속에 속하는 나무 열매로 그 꼬투리 하나의 무게가 5분의 1그램이다. 오늘날에는 전통적인 무게의 단위로 캐럿 대신 그레인(grain, 0.06479891g)이 사용된다. 한창 이삭이 패는 보리나 밀의 낟알(grain)은 캐럿과 똑같은 특징을 가지고 있는데 이삭의 크기와 상관없이 무게가 똑같다. 트로이는 프랑스의 센 강변에 있는 도시 트루아(Tryes)에서 유래했는데, 프랑스에서 태어난 잉글랜드 국왕 헨리 2세가 프랑스의 상업 도시인 트루아에서 쓰던 단위를 잉글랜드로 가져와 트로이라는 말이 붙었다.

　잉글랜드 왕실은 1527년, 미국 의회는 1828년 귀금속의 공식 단위로 지정했다. 1그레인은 0.06479891g이며 1트로이온스(31.1034768g)는 480그레인(480 × 0.06479891g = 31.1034768g)이다. 트로이온스는 우리가 익숙하게 사용하는 일반 온스(28.349523125g)보다 9.7% 더 무겁다. 국제 거래에서 금의 무게는 그레인으로 표현하되, 가격을 표시할 때는 트로이온스를 사용한다. 주의할 점은 'Karat'은 금의 순도에 쓰이는 용어이고, 'Carat'은 다이아몬드 중량을 나타낼 때 쓰는 용어다. 1캐럿(Carat)은 다른 말로 10부, 100포인트, 0.2g, 4grain으로도 표현한다. 고대 리디아인이 이룩한 혁신은 상업 거래의 대금으로 지급된 금의 순도를 시험하기 위해 벽옥과 비슷한 리디아산 검은 돌을 이용한 것이다. 이 돌을 현재는 시금석(touchstone)이라 부르는데, 금 세공인들이 이 돌에 금을 문지른 다음 돌 위에 남은 흔적을 24개의 바늘로 이루어진 시험도구와 비교했기 때문이다. 바늘은 각각 금·은, 금·구리, 금·은·구리를 다양한 비율로 섞어 만든 것이다. 그중 24번째 바늘이 순금으로 되어 있었고, 오늘날 24캐럿으로 불리는 기원이 되었다.

참고

온스(일반 온스)	1파운드의 16분의 1	28.349523125g
1파운드	7,000그레인	453.5924g
1트로이파운드	5,760그레인	373.2417216g
1트로이온스	1트로이파운드의 12분의 1	31.1034768g

금 순도

기술이 발전한 현대의 금속 제련 기술도 100% 순도를 갖는 금속을 만드는 것은 사실상 불가능하다. 일반적으로 시중에 유통되는 금의 상당수는 99.99%인데 순금으로 부른다. 이렇게 정제된 금괴에 표기되는 숫자는 보통 999.9로 표기되는데 이는 퍼밀(permil, 1/1000 → ‰) 단위이며 %로 하면 99.99%이다. 참고로 우리나라에서는 99.9% 이상의 순도를 가져야 골드바로 가치를 인정받는다. 99.99% 골드바는 포 나인(4 nine)이라 부르며, 99.9%보다 더 가치를 인정받는다. 또한, 순금(24K)은 99.99%인 금을 말하며 각인은 순금, 24K, 99.99%, 999로 표기된다. 18K는 금 75%와 다른 금속이 섞인 합금이고 표기는 18K, 750, 75%로 표기되며, 14K는 금 58.5%와 다른 금속이 섞인 합금으로 표기는 14K, 585, 58.5% 등으로 표기된다. 표의 순도 항목을 보면 원자재는 999.9, 순금 제품은 땜의 포함 여부에 따라 999와 995로 분류된다. 순금 제품으로 분류되는 999는 땜이 없고 순도가 999 이상인 제품이며, 995는 999 순도의 제품에 땜이 포함돼 성분 분석 시 순도가 떨어져 995 이상의 순도가 되어야 한다는 의미다. 실제로 땜이 없는 제품은 999 순도로 맞추어(KS 고시) 유통해야 함에도 일부에서 995로 순도를 낮춰 유통하고 있는데, 누군가는 0.4%의 부당이득을 취하고 누군가는 0.4%의 손해를 보고 있다. 아울러, 10K, 9K, 8K도 유통된다는 현실을 모르는 경우가 많은데 그중에서도 10K는 어렵지 않게 만날 수 있다. 41.67%가 순금이고 나머지는 다른 금속으로 이루어진 합금이 10K이다. 내구성이 높고 18K와 14K에 비해 가격이 저렴해 젊은 층이 소비하는 저가형 액세서리에 많이 사용된다. 간혹 금을 팔러 왔다가 14K가 아니라는 사실에 놀라곤 하는데, 거래소도 14K 액세서리 순도 검사를 제대로 하지 않아 10K를 14K로 매입하는 경우가 간혹 발생한다. 가장 빈번한 경우는 14K, 18K 액세서리 판매 가격을 낮게 책정하기 위해 장식이나 펜던트 등에 10K가 사용된 경우인데, 제품을 구매할 때 반드시 보증서를 확인해 불필요한 지출을 없애야 한다.

KS D 9537 귀금속 및 그 가공 제품

(단위: ‰)

종류	표시문자	순도	비고
금괴(순금 재료)	24K 또는 999.9	999.9	골드바
순금 제품	24K 또는 999	999 이상	24K
	995	995 이상	땜 가공 제품
금 합금	22K 또는 916	916 이상	합금 제품
	18K 또는 750	750 이상	
	14K 또는 585	585 이상	
	10K 또는 416	416 이상	
	9K 또는 375	375 이상	
백색금 합금	WG 18K 또는 WG 750	750 이상	합금 제품
	WG 14K 또는 WG 585	585 이상	
	WG 10K 또는 WG 416	416 이상	
	WG 9K 또는 WG 375	375 이상	
순백금 제품	Pt 999	999 이상	순백금 제품
백금 합금	Pt 950	950 이상	합금 제품
	Pt 900	900 이상	
	Pt 800	800 이상	
	Pt 500	500 이상	
은괴(순은 재료)	Ag 999.9	999.9	실버바
순은 제품	Ag 999	999 이상	순은 제품

은 합금	Ag 925	925 이상	합금 제품
	Ag 900	900 이상	
	Ag 800	800 이상	
	Ag 700	700 이상	

앞의 표에서 땜 가공 제품이란 제품 완성을 위해 반드시 땜 가공을 해야 완성되는 제품(목걸이, 체인, 행운의 열쇠, 거북이, 두꺼비, 도장 등)을 말하며, 단순히 고리 모양의 장식 등을 붙인 경우는 해당하지 않는다.

국가별 금 순도

24K	999%	한국, 미국, 일본
23K	96.5%	태국(96.5 각인 - 실제 순도 낮은 경우 있음)
22K	91.67%	미국 불리온 금화 '골드 이글(Gold Eagle)'
21K	87.5%	중동, 동남아시아, 유럽 등 일부 지역에서 사용
18K	75%	한국, 미국, 일본, 유럽
14K	58.5%	전 세계에서 가장 많이 사용되는 합금
10K	41.6%	미국 대형 매장에서 많이 유통
9K	37.5%	영국 대형 할인점 등에서 유통

은 합금 종류

유러피안 실버 (European Silver)	Ag800	800, 825, 830, 850 표기
코인 실버 (Coin Silver)	Ag900	900, Coin, Standard 표기
스털링 실버 (Sterling Silver)	Ag925	귀금속, 액세서리
브리타니아 실버 (Britannia Silver)	Ag950	은 함량 95.8% 이상
멕시칸 실버 (Mexican Siver)	Ag950	은 함량 95.8% 이상

은도금 종류

Electroplate(Ep)란 전기분해법에 의해 일반 금속이나 합금에 은도금을 하는 것을 말한다.

EPC	구리에 은도금
EPNS	니켈실버에 은도금
EPIron	철에 은도금
EPBM	브리타니아 금속에 은도금
EPWM	화이트메탈에 은도금

검인 마크

골드바가 일반적이지 않던 시절 금방에서 자체적으로 만든 주물 금, 덩어리 금(덩이)의 일부 제품에서 순도 미달 금이 종종 발견된다. 특히, 반지나 목걸이, 팔찌 등을 정련 과정조차 거치지 않고 녹여서 덩어리 형태로 만든 제품들도 있는데, 인증된 검인 마크는 고사하고 표면까지 거친 수준 이하의 제품도 종종 볼 수 있다.

가공비가 저렴해 찾는 고객이 많은 일명 덩이 금(주물 금) 구매 시, 국내에서 공식적으로 인정하는 검인 마크를 반드시 확인해야 한다. 검인은 제품의 품질과 순도를 공신력 있는 단체에서 보증하는 제도로써 검인 마크가 없는 제품은 순금으로 인정받기가 번거롭다. 물론, 검인 마크가 없다고 해서 가짜는 아니지만, 검인 마크가 있는 금에 비해 신뢰도와 유통 편의성이 떨어지는 점은 분명히 있다. 또한, 판매처에서 제공하는 보증서는 구매자와 판매자 사이의 약속이므로 법적 효력은 없다. 특히, 골드바의 경우 검인 마크가 있는 제품은 감정 절차가 간편하고 판매 시 불필요한 정제비, 분석료의 지출이 없다. 예상컨대 수년 내 검인 마크가 없는 주물 금은 금거래소나 금방 등에서 매입 시 골드바와 달리 정제료 차감 등이 예상되므로 가급적이면 공인된 검인이 있는 프레스(민티드) 골드바 구매를 추천한다.

국내 3대 검인마크

- 태극마크: (사)한국귀금속 감정원
- 금자마크: (사)한국귀금속판매업중앙회
- 무궁화 홀마크: (사)한국귀금속보석기술협회

골드바

국내 연간 금 사용량은 100톤, 생산량은 50여 톤에 불과하다. 그중에서 LS MNM(구 LS-Nikko동)이 약 70%를 생산한다. LS MNM은 구리 광산에서 채굴한 구리 광석을 제련하는 업체인데 LBMA(런던금시장연합회)가 선정하는 우수 금, 은 공급업체이다. 구리를 생산하고 나면 전해조에 점액질의 원료가 남는다. 이 점액질을 귀금속 공정으로 이동하여 전기분해를 거친 뒤 용해하는 과정을 반복하면 셀레늄, 은, 금의 순서로 분리된다. 구리 광석 300kg에서 3.75g의 금이 추출되는데 10g, 100g, 1kg, 12.5kg 규격의 제품을 만들어 골드바 제조업체에 공급한다. 국내에 골드바를 제조할 수 있는 곳은 LS MNM, 고려아연, 토리컴, 삼덕금속 등 대기업을 포함해 다수의 중소기업이 있다. 골드바는 제조 방법에 따라 주물 바(cast bar)와 민티드 바(minted bar)가 있다. 녹인 금을 금괴 주형에 부어서 모양을 만든 것이 주물 바이다. 민티드 바 또는 프레스 바는 금 반가공품을 압연 등의 수작업을 거쳐 문양을 새긴 평평한 골드바이다. 프레스 바에

새기는 문양은 프레스로 눌러 만들며, 홀 마크(hallmark)라고 부른다. 이와 더불어 칩 골드는 신용카드 모양의 포장재에 싸인 작은 금괴(1~20그램)를 말하는데, 최근에 유행하는 골드바 형태이다. 회사별로 가격 차이가 발생하는 원인은 브랜드 인지도에 따른 정서적인 원인도 있지만, 원재료 출처에 따른 제조사의 신뢰가 원인이 되기도 한다. 아울러 골드바 무게 단위는 국제적으로는 그램(g)이 통용되나, 서구에서는 온스(트로이온스), 중국에서는 냥(兩), 국내에서는 돈(錢)이 쓰인다. 서구에서는 금을 온스 단위로 세는데, 이때의 온스는 트로이온스를 뜻하며 음식료의 무게를 재는 데 쓰이는 상용 온스(avoirdupois ounce)와는 차이가 있다. 상용 온스는 트로이온스보다 가벼워 1상용 온스는 28.349523125g이지만, 1트로이온스는 31.1034768g이다.

국내 유통 골드바

브랜드	특징
한국조폐공사 골드바	공신력, 선호도 1위
LS MNM 골드바	한국금거래소, 시중은행
한국금거래소, 삼성금거래소, 아시아 골드바	금 전문 기업으로 인지도 높음
GBK 골드바	전국적 인지도 높은 범용 골드바
중소 규모 금 전문 기업 브랜드 골드바	중소 규모 업체 제작, 유통 골드바
골드캐슬, 파인골드, UBS골드바	전국적 유통 골드바
비손금속, UP스토어 골드바	일부 지역 유통 골드바

해외 유명 골드바

브랜드	특징
팜프 스위스(PAMP Suisse)	LBMA, LPPM 인증, 정교한 디자인
크레디트 스위스(Credit Suisse)	LBMA 인증
퍼스 민트(Perth Mint)	퍼스 조폐국 생산, 호주 정부 인증
헤라에우스(Heraeus)	LBMA 인증, 150년 전통
발캠비(Valcambi)	LBMA 인증
RMC(Republic metals corporation)	미국 최초 ISO14001 획득
다나카 금속공업(Tanaka Kikinzoku Kogyo)	일본 정부 인증
아사히 리파이닝(Asahi Refining)	일본 아사히 홀딩스 자회사

골드바 구매 시 고려 사항

구분	고려 사항
순도	999.9% 이상 제품 구매, 최근 9999.9% 골드바 출시
형태	민티드 바(프레스 바) 형태 추천
중량	국내 제품(g), 해외 제품(g, oz) 표기
제조사	시장에서 널리 유통되는 골드바 선택(매도 시 프리미엄)
가격	시장에서 형성되는 가격 조사 필수
구매 시기	금리 인하, 환율 인상, 인플레이션 발생 시 가격 상승
투자 기간	금은 구매 즉시 5~15% 손실 발생, 단기 투자로= 고려 대상 아님

해외 유명 실버바

브랜드	특징
팜프 스위스(PAMP Suisse)	풍요의 여신(Fortuna) 문양
퍼스 민트(Perth Mint)	캥거루 문양
발캄비(Valcambi)	국내 인지도 높음
스캇데일(Scottsdale Mint)	성서 시리즈(Biblical Series)
엥겔하드(Engelhard)	국내 인지도 낮음
존슨매티(Johnson Matthey)	국내 연지도 낮음

금값 상승

　전통적으로 돌잔치 순금 선물은 관례처럼 여겨진다. 3.75g(1돈쭝) 반지가 급기야 70만 원을 넘어섰다. 대형 할인점, 홈쇼핑 등 유통회사들도 덩달아 골드바 판매에 나서고 지난 2월에는 사상 초유의 골드바 품귀 현상까지 벌어졌다. 회사들은 마케팅에 순금 제품을 경품으로 내걸고 영업을 진행하는데, 특히, 지방에 건설 중인 미분양 아파트를 분양받으면 골드바를 선물로 주기도 한다. 인근에 메이저 건설사가 신축 중인 아파트가 있는데, 공사 기간 내내 미분양에 시달리는 현장이다. 최근에 골드바 경품을 제공하면서 물량이 빠르게 소진되고 있다. 실제로 구매해 가는 골드바 수량만큼 미분양이 해소되는 것을 고려하면 다른 어떤 경품보다 확실한 효과를 내는 것 같다. 요즘 금 가격이 정말 '금값'이 되면서 금 관련 상품들이 봇물 쏟아지듯 시장에 출시되고 있다. 시중은행들은 골드뱅킹 상품을 강화하고, 증권사들은 금에 투자할 수 있는 ETF 상품 판매에 열을 올리고 있다. 지난 10년 동안 금 가격은 등락을 반복했다. 2013~2015년 사이 금 가격은 내림세를 보여 2013년 평균 1,400달러 초반에서 2015년 1,100달러 중반대로 낮아졌다. 2016년부터 2019년 사이에 반등을 시작했는데, 2019년에는 평균 1,300달러에 근접했다. 2020년 코로나 팬데믹을 계기로 안전자산에 대한 선호 현상이 뚜렷해지면서 금 가격이 본격적으로 상승하기 시작했다. 2020년 1,770달러 수준이던 금 가격이 2023년 1,950달러, 2024년 약 2,300달러, 2025년이 끝나지 않은 현재 시점에 이미 3,600달러(2025년 9월 4일)를 돌파했으며, 급기야 2025년 9월에는 일시적으로 3,670달러를 넘어서기도 했다. 그야말로 역대급 상승세다. 최근 금 가격을 보고 '거품이 아닐까'라는 의구심을 가질 수 있는데, 현재 금 가격은 각국 정부의 중앙은행이 화폐를 과도하게 발행한 결과이며, 이미 공급된 화폐는 은행 시스템을 통해 계속 증식됨에 따라 가격은 더 상승할 수밖에 없을 것으로 전망한다.

분석료

　금 가격이 급등하면서 보유한 금을 팔기 위해 금방이나 금거래소를 찾는 사람이 늘고 있다. 금을 팔 때 반드시 알아야 할 사항이 몇 가지 있어 소개한다.

　첫째, 정확한 시세를 알아야 한다. 포털 사이트에 발표되는 가격은 국제 금 시세에 환율을 적용해 계산한 금액이므로 참고하기에 적당하지 않고, 금거래소 시세를 꼭 확인하기 바란다. 당일 매입 시세는 오전 10시 발표되고 시세는 수시로 변동되므로 실물을 들고 판매처에 가져가 실시간 시세 확인을 요청해야 한다.

　둘째, 정제료 또는 분석료로 불리는 순도 차감 비용이 있는데, 금거래소마다 차이가 있다. 일단, 14K, 18K 합금 제품에 정제료, 분석료 명목으로 차감을 요구하면 신뢰할 수 없는 업소라고 판단하면 된다. 평일 기준 10시에 발표되는 금거래소 시세에 이미 수수료가 차감되어 있다. 하지만 24K 시세는 골드바 기준 시세이므로 목걸이, 반지, 팔찌, 귀걸이, 열쇠, 거북이, 동물 장식, 떨잠 등 종류와 형태에 따라 정제비, 분석료가 차등 발생하는 것이 원칙이다. 이유는 제품을 만드는 과정에서 사용되는 금 땜의 사용량, 종류 등에 의해 순도가 하락하기 때문이다.

셋째, 금거래소와 금은방의 차이를 알아야 한다. 거래소는 금 매입, 골드바 판매가 주 수입원이고 금은방은 액세서리 판매, 가공이 수입원이다. 모든 곳이 그렇다고 단정할 수는 없지만, 금은방은 당일 고정 시세로 매입가를 적용하는 곳도 있다는 점을 숙지하고 방문하기를 바란다.

넷째, 고객들이 24K 제품은 구분하지만, 14K, 18K 제품은 맨눈으로 구별하기 어렵다. 매입처에서 14K 이하로 계산하는 제품에 대해서는 반드시 순도 확인 절차를 요구해야 한다. 대부분의 업소가 정직하게 영업하고 있지만, 가끔 속아서 하소연하는 손님을 보면 분명 고의로 낮게 평가하는 업소가 존재하는 것도 현실이다. 또한, 팔 때와 살 때의 가격 차이가 크게 나는 이유는 금을 살 때는 부가가치세 10%가 붙지만, 팔 때는 세금을 돌려받지 못하기 때문이다. 여기에 업체의 분석료, 보관비, 운송비 등 각종 비용이 발생하여 매입가는 당연히 판매가보다 낮을 수밖에 없다. 이를 스프레드(Spread)라 하는데, 통상 13~15% 수준이다. 즉, 금을 팔고자 할 때는 스프레드 수치가 낮은 시점이 소비자로서는 가장 유리한 시기이다.

금 매도 시 주의 사항

피해야 할 업소	주의 사항	비고
동종 업소와 비교해 2,000원 이상 추가 금액을 제시하는 업소	매입금 수수료 이윤은 0.2~0.8% 미만 추가 금액을 과도하게 제시하는 업소는 방문 유인 후 불필요한 수수료 차감	골드바는 중량, 순도가 표시되어 있으므로 추가 금액을 높이 부르는 업소가 유리 99.9%, 999.9% 각인이 있는 골드바는 정제비, 분석료 없음. 다만, 주물 금은 상태에 따라 정제비, 분석료 발생
14K, 18K 금 제품에 정제비, 분석료 명목으로 차감하는 업소	24K: 순도에 따라 정제비, 분석료 차감이 원칙 14K, 18K: 합금 제품으로 정제비, 분석료 없음	14K, 18K는 금, 은, 니켈, 구리 합금으로 정제비, 분석료 차감은 소비자 기만
저울, 계산기, 시세를 보여주지 않는 업소	중량, 계산법, 시세를 안내하지 않고 총액만 제시하는 업소	저울을 공개하지 않는 업소 무조건 피하기
순도 확인 요청 거절 업소	제품별 순도 확인을 해주지 않는 업소	14K, 18K 화이트 골드 제품을 '백금(Pt)'으로 기만
24K 제품에 부착된 고리, 버클을 분리하지 않고 계산하는 업소	제품에 부착된 고리, 버클은 14K, 18K로써 반드시 분리 계산 요구	고리, 버클 또는 제품에 금속, 플라스틱 소재의 부자재가 삽입되면 차감하는 것이 원칙
중량(돈수)에서 소수점 2번째 자리를 계산하지 않는 업소	1.23돈이 나왔는데 1.2로만 계산하는 업소	고금을 녹이는 과정에서 일부 성분이 증발하는 '해리'를 이유로 소수점 2번째 자리를 차감하는 것은 기만행위

지역별 선호도

　국내에서 거래되는 금 제품의 순도는 10~24K로 다양한데, 금을 팔러 오는 손님의 제품 순도가 지역별로 차이가 난다. 일반적이라고는 할 수 없지만 개인적 경험, 영업 사원, 다른 지역 거래소의 전언을 종합하면 확연한 차이가 있다. 대구, 경북, 부산, 경남은 18K의 선호도가 8대 2 이상으로 높은 데 반해 전라, 충청, 서울·경기는 14K의 선호도가 압도적으로 높다. 세계적으로 주얼리 제품은 14K를 가장 많이 쓰지만, 국내 기준 18K를 선호하는 지역에서는 십수 년 전만 해도 14K는 금이 아니라는 인식이 강했다. 이런 이유로 고금을 매입하면 14K의 비중이 아주 낮다. 하지만, 금값이 상승하고 제품 착용 시 색상 구분이 되지 않는다는 이유로 14K 선호도가 조금씩 높아지고 있다. 그렇다면 중량은 어떨까. 같은 둘레, 치수, 호수라고 하더라도 금의 비중에 따라 24K, 18K, 14K 순으로 무게가 가볍다. 또한 24K 제품은 제품 제작 시 희망하는 중량을 정확히 맞출 수 있지만, 합금 제품은 계약 중량과 제품 완성 시 편차가 발생하는 것이 일반적이다. 이는 순도에 따른 연성, 물성의 차이로 24K는 제작 및 연마 과정에서 실제 중량을 정확히 맞춰 제작할 수 있지만 14K, 18K 제품은 금 이외에 알로이(합금)가 들어가고 제작 방식(주물, 선반, 수작업)에 따라 중량이 다르게 나오는 것이 일반적이다. 제품 구매 시 반드시 계약 중량과 실제 중량 차이를 정산한다는 특약을 기재해 구매하는 것이 바람직하다.

중량 비교

(둘레, 지름, 길이, 호수가 같을 때 중량 차이가 발생)

구분	24K 중량	18K 중량	14K 중량
1돈	3.75g	3.09g	2.42g
2돈	7.50g	6.19g	4.84g
3돈	11.25g	9.28g	7.26g
5돈	18.75g	15.47g	12.09g
10돈	37.50g	30.94g	24.19g

금과 은

　인류 역사 이래 대부분 기간 은은 금 바로 옆자리를 차지해왔으며, 가끔 금과 경쟁하거나 보완하기도 하면서 또 다른 형태의 화폐로 여겨지기도 했다. 심지어 미국 정부가 1933년 시민들의 금을 몰수한 후에도, 은화는 다임, 쿼터, 하프 달러, 실버 달러 등의 형태로 계속 유통되었다. 그러나 1960년대 후반, 정부 지출이 급증하자 달러 지폐의 공급도 그만큼 증가했다. 은은 가치를 유지했지만 달러 가치는 계속 떨어졌고, 그 결과 은화 가치는 액면 가치보다 더 상승했다. 이처럼 은은 금과 더불어 화폐의 역할을 해왔으며, 이는 인류 역사 전반에 걸쳐 나타난다. 기원전 4000년경부터 이집트인들은 이미 금, 은을 화폐로 사용했다. 심지어 금과 은의 교환 비율까지도 규정했는데, 인류 역사상 대부분의 기간 동안 은은 금 가치의 5~8%에 지나지 않는 것으로 평가되었다(금과 은이 모두 통화로 유통되던 시대에는 대개 금과 은의 교환 비율은 1:15였다). 그러나 이집트인들은 은의 가치를 금 가치의 10%와 같은 것으로 정해놓았다. 이는 이집트에서

은 생산량이 적었거나 계산이 쉽다는 이유였을 것으로 추정한다. 계산하기 힘든 페르시아의 비율 1:13.5와 비교하면 계산의 용이성이 설득력을 얻을 수 있지만, 페르시아의 비율이 실제 생산되는 금과 은의 비율과 비슷했다. 하지만, 16세기 말 금과 은에 강력한 경쟁자가 등장한다. 정부가 아닌 민간이 발행한 채무증서로 여러 가지 형태의 지폐가 그것이었는데, 1500년대 유럽의 물가와 돈에 대한 수요가 급변하는 물가 혁명을 초래하는 원인이 되었다. 물가가 매년 오른 것은 아니었지만, 바닥을 칠 때마다 최저점이 조금씩 올라가고, 최고점에 도달할 때는 매번 상승 폭의 신기록을 경신했다. 이는 15세기 초 유럽을 휩쓴 흑사병의 후유증이기도 하다. 흑사병 이후 유럽 인구가 급증하는 반면, 식량의 공급량은 느린 속도로 증가해 물가 상승과 인플레이션을 가속했다. 인플레이션과 관련해 화폐 가치 안정을 경제의 최우선으로 주장하는 노벨 경제학상 수상자 밀턴 프리드먼은 인플레이션의 원인을 통화 공급에서 찾는다. 물가가 상승하는 것은 구매자가 똑같은 양의 상품을 구매하면서 더 많은 돈을 지출할 때 발생하며, 인플레이션은 어떤 형태로든 돈이 지원되지 않는 이상 지속될 수 없다는 것이다. 다시 말해 구매자가 늘어난 소비 수준을 유지할 수 있는 더 많은 화폐를 얻지 못하면 지출과 구매를 줄일 것이고, 판매자는 가격을 올리는 것을 주저할 뿐만 아니라 심지어 가격을 내려 인플레이션이 진정된다는 것이다.

가격 배율(GSR, Gold to Siver Ratio)

은에는 두 가지 치명적 단점이 있다. 금과 달리 공기 중의 황과 만나면 변색하기 때문에 금처럼 매혹적인 광채로 인한 소유의 탐욕을 부르지 않는다. 또한, 같은 금액의 금보다 부피가 크기 때문에 금보다 운반비가 많이 든다. 이런 이유로 늘 금과 함께 화폐의 임무를 수행했지만, 최근에는 은 수요의 50% 이상이 산업 분야에 사용되는 금속으로 더 주목받고 있다. 사실 은은 모든 금속 중에서 최고의 전기, 열 전도체로 전자 제품 제조에 필수 불가결인 원자재이다. 은은 태양광 산업의 핵심 부품인 메탈 페이스트를 비롯해 전자 제품과 전기자동차 연료전지의 핵심 소재로 사용된다. 온실가스 감축에 따른 친환경 제품의 선호도가 올라갈수록 은의 수요도 자연스럽게 증가할 것으로 예상한다. 금과 은은 항상 비교 대상이며, 은 가격은 통상 금 가격과 동행한다. 대표적으로 은 가격이 고평가되었는지, 저평가되었는지는 금과 은의 배율로 추정한다. 금·은 배율은 금 1온스를 구매하는 데 필요한 은의 양을 말한다. 일반적으로 금·은 배율은 대개 1:45에서 1:70 사이가 많았다. 실제로 은이 80을 넘어가면 가격이 급등하는 경우가 많았는데, 시기적으로 본다면 1991년 배율이 1:100으로 급등한 이후 몇 년 동안 가격이 50% 이상 급등했다.

또한 금·은 가격 배율이 100이 되면 경기 하강, 침체라는 인식이 있다. 2020년 팬데믹에서 비율이 1:120을 넘었는데, 이후 은 가격은 12달러에서 28달러로 두 배 이상 급등했다. 금·은 가격 배율이 10~15배 정도였던 시대에는 금을 은 대신 사용하기도 했다. 하지만, 80~100배로 금 가격이 높아져 이제는 금으로 대체할 수 있는 분야는 거의 없다. 이처럼 수요가 달러 가치 헤지나 귀금속용으로 사용되는 금과, 산업재로 분류되는 은은 가격 움직임도 엇갈린다. 즉, 금융 위기나 경기 침체기에 금 가격은 폭등하지만, 은은 경기 위축에 따른 수요 감소로 가격이 하락해 금·은 가격 배율이 커지다가 위험이 감소하고 경기가 회복되는 조짐이 보이면 급등한다. 이처럼 은은 전통적 안전자산 금과 경기에 민감한 구리의 중간적 성격을 띠는 경향이 짙다.

금 월별 수익률

　부동산 거래에도 매도하기 좋은 달과 매수하기 좋은 달이 있다. 매수하는 처지에서는 기존 소유자가 보유에 따른 세금을 모두 낸 뒤가 좋고, 매도하는 처지에서는 신학기가 시작하기 2~3개월 전이 거래에 유리하다. 금도 계절적인 영향을 받는데, 특히 결혼 철이 최고점에 이르는 4~5월, 9월경이 금 가격도 강세를 보이는 달에 속한다. 실제로 금거래소, 금방을 운영하는 분들도 6~8월이 1년 중 매출이 가장 저조한 시기라는 것을 경험적으로 느끼고 있다.

　웨스턴오스트레일리아대학교 UWA의 더크 바우어 교수는 논문에서 1980년부터 2010년까지 약 30년간의 금 가격을 분석해서 어느 달이 투자하기에 가장 좋았는지 설명한다. 대개 1월은 역사적으로 강세장이 많이 나타난다. 새해 초에 금 투자를 계획하고 실천하는 수요와 국내의 경우 음력의 영향으로 설날 전에 해를 넘기지 않고 결혼하려는 수요가 겹치기 때문이다. 최고 수익률을 나타내는 달은 9월인데 세계적으로 결혼하려는 수요가 몰리는 경향이 있는 것으로 추정된다. 그에 반해 3월, 6월, 10월의 평균 수익률이 낮은데, 국내를 기준으로 본다면 신학기가 시작될 때, 명절이나 연휴가 길어 가용 자금의 사용처가 많은 달이 일반적으로 금 수요가 줄어들고 가격이 정체된다. 현장에서도 이런 경향성은 일치하는 경우가 많다.

월별 금 투자 평균 수익률

월	평균 수익률	월	평균 수익률
1월	0.29%	7월	-0.13%
2월	-0.82%	8월	0.75%
3월	-0.19%	9월	2.2%
4월	0.46%	10월	-0.81%
5월	0.14%	11월	1.8%
6월	-0.81%	12월	-0.01%

출처: 「The Autumn Effect of Gold(금의 가을 효과)」

금 투자 방식

금 실물	골드 뱅킹	KRX 금시장	금 ETF 투자
실물 보유 신뢰감, 만족도 높음 금융 소득 종합과세 대상 아님 매매 차익 비과세	소액 투자 가능 (거래 단위 0.01g) 가입 기간 없음, 중도해지 수수료 없음, 수시 입·출금 가능 손실 발생 시 배당소득세 면제	1g 단위로 소액 투자 가능 안전한 거래(정부 보증)	최소 단위: 1주 KRX 금 현물, 해외 금 선물을 펀드를 통해 간접투자 ETF이므로 주식 거래소에서 거래
도난, 분실 우려	환율 변동성 원금 보장 안 됨 예금자 보호 대상 아님 실물 금 인출 시 부가가치세 10%	증권사 금 현물 전용 계좌에서만 거래 환율 변동에 영향 현물 인출 100g, 1,000g 단위로만 가능	세금과 매년 펀드 운용 보수 발생 실물 금 인출 불가 해외 상장 ETF 차익 250만 원 초과 시 양도소득세 22% 부과

금 실물	골드 뱅킹	KRX 금시장	금 ETF 투자
공정가격, 시장에서 형성되는 실시간 가격	은행 고시 가격 (금 가격과 환율 변동에 따라 수시 변경, 일자별 가격은 해당일의 최종 가격 기준, 은행 영업일이 아닌 경우 전 영업일의 최종 가격)	공정가격, 시장에서 형성되는 실시간 가격	국제 금값을 추종하는 지수 (국제 금 현물 가격 기초로 금 선물 계약, 금 채굴 회사 주식과 같은 금 관련 자산 포함)
판매 수수료: 약 5% 별도의 수수료가 아닌 매수, 매도 가격 차이(5%)	통장 거래 매매 기준율 × 1% (매수 및 매도 시 1g당 기준가의 1% 수수료 발생)	수수료 0.15 ~ 0.45%	증권사 수수료, 매매 수수료 발생 (증권사마다 상이)
부가가치세 10% 부담	매매 차익에 대한 배당소득세 15.4% 수익 2천만 원 초과 시 금융 소득 종합과세 대상	매매 차익 비과세 실물 금 인출 시 부가가치세 10%	배당소득세 15.4% 부과(양도소득세 없음) 환 헤지 상품 선택 가능

제5장

금과 희귀금속

화이트 골드, 플래티넘

화이트 골드와 백금을 혼동하는 경우가 많은데, White Gold를 직역하면 백금이 되므로 오해가 발생한 것이다. 플래티넘은 남아메리카에서 발견되어 유럽으로 전해졌다. 은과 비슷한 색상 때문에, 은을 뜻하는 스페인어 Plata에서 파생된 Platina가 변형되어 플래티넘(백금)이 되었다. 화이트 골드(10K, 14K, 18K)는 순금에 백색 금속인 니켈, 팔라듐 등을 섞어 만든 합금으로, 로듐 도금을 통해 밝고 은은한 흰색을 띠게 한다. 시간이 지나면 로듐 도금이 벗겨질 수 있는 단점이 있지만, 재도금을 하여 새것처럼 착용할 수 있다. 플래티넘(Pt)은 자연 그대로 은백색을 띠는 금속으로, 도금이 필요 없고 고유의 광택을 오랫동안 유지하며 화이트 골드보다 푸른빛이 더 돈다. 내구성이 좋아 다이아몬드 세팅에 적합해 명품 주얼리 브랜드에서 많이 사용한다. 하지만 강한 스크래치에 단점이 있는데, 금속이 벗겨지는 대신 표면에 깊은 홈이 남는다. 일상생활에서 화이트 골드보다 스크래치에 약하다. 연마를 통해 원래 광택을 찾을 수 있지만, 일상 착용

시 세심한 관리가 필요하다. 또한 같은 크기의 반지를 만들더라도 비중이 높은 플래티넘(Pt)이 화이트 골드 대비 약 40% 무겁다. 가격 면에서 플래티넘이 14K보다 저렴하지만, 주얼리로 가공할 때는 가공비가 훨씬 비싸다. 밀도가 높아 제작이 어렵고 최근에는 세공소를 찾기 어려운 점이 가공비 상승의 주요 원인 중 하나이다.

알로이(Alloy)

 귀금속 세공의 합금 소재인 알로이(Master Alloy)는 은, 구리, 니켈, 팔라듐, 아연 등을 일정한 비율로 고온에서 액체 상태로 결합해 만든다. 이후 금과 합금하면 순도, 색상, 강도, 밀도 등의 물성을 원하는 수준으로 만들 수 있다.
 국내에서는 주로 14K, 18K 금 제품이 많이 유통되는데, 14K는 금 58.5%에 알로이 41.5%, 18K는 금 75%에 알로이 25%가 첨가된다. 일반적으로 알로이는 색상으로 구분 짓는 경우가 많다.

색상별 합금

종류	성분(금+알로이)	특징
화이트 알로이 (White color master alloy)	Hard white gold: 니켈, 구리, 아연 합금 Soft white gold: 팔라듐, 은 합금	진주, 다이아몬드 등의 백색 계열 보석 세팅
옐로우 알로이 (Yellow color master alloy)	은, 구리, 아연	보편적 색상
레드 알로이 (Red color master alloy)	구리, 은	일명 '핑크 알로이', 한국인 피부색에 자연스럽게 매칭
핑크 레드 알로이 (Premium Pink red alloys)	구리, 니켈, 아연, 은	레드 알로이보다 고급 (일반적으로 레드 골드와 핑크 골드를 합쳐 로즈 골드로 부름)
그린 골드 알로이 (Green color master alloy)	은, 구리(구리가 안 들어가는 예도 있음)	해외에서 주로 사용
퍼플 골드 알로이 (Purple color master alloy)	알루미늄	사용 빈도 낮음
블랙 골드 알로이 (Black color master alloy)	구리, 황화칼륨/암모니아 수 착색(합금이 아닌 착색)	일부 패션 제품
은 알로이 (Siver master alloy)	925 합금 시 구리	시간이 지나면 산화, 색상이 검게 변함

청화금(PGC, Potassium Gold Cyanide)

 청화금은 다른 말로 '청화금가리', '시안화금칼륨'이라고 불린다. 대부분 도금 관련 산업에 사용된다. 청화금(시안화금칼륨, 청화금가리)은 금도금의 금 이온용에 사용되는 99.5% 이상 순도를 지닌 금에 다른 성분을 섞어 금 함량 68.3%의 가루 형태로 조제한 유해화학물질로서 유독물질을 포함하고 있어 매우 조심히 다루어야 한다. 이런 청화금의 재활용은 불순물을 제거하고 산으로 용해 후, 침전시켜 얻은 고순도 금을 다시 응고시키거나 전기분해하는 방식을 통해 금으로 전환할 수 있다.

도매가, 100% 기준가

(2005년 5월 14일 수요일 14:38)

제품	(₩/g)	(₩/3.75g)
금 도매가	155,546	583,300
100% 기준	147,230	552,113
은 도매가	1,597	5,990
100% 기준	1,494	5,602
백금 도매가	47,733	179,000
100% 기준	45,681	171,303
파라듐 도매가	45,866	172,000
100% 기준	43,721	163,952
청화금 도매가	102,900	10,290,000(₩/100g)

(출처: 삼성금거래소)

염화금(Gold Chloride)

금이라 하면 일반적으로 가루, 잉곳(Ingot) 등의 고체 형태를 떠올리지만, 액체 형태의 금도 존재하는데, 바로 염화금이다. 금은 일반적으로 다른 물질과 화학 반응을 일으키지 않지만, 염소, 플루오린, 왕수와는 반응한다.

염화금이란 일반적으로 염소와 금의 화합물($AuCl_3$)로서 금을 왕수에 녹여서 얻는 연한 노란색의 바늘 모양 결정물이다. 높은 반응성을 가지고 있어 유기 화합물 합성 촉매, 약학·화학물질 제조, 화합물의 검출, 분석을 위한 시약으로 사용된다. 물, 알코올, 에테르에 잘 녹는 특성으로 인해 금을 추출하거나 정제하는 과정에도 사용되며 전기도금 과정에서 금을 코팅하는 데 사용된다. 또한, 전자부품, 산업 제품에 전기 전도성과 부식 방지 효과 등으로 품질과 내구성을 향상하는 소재로도 사용된다. 아름다운 색상으로 인해 예술과 공예에 물감이나 색소로도 사용되는데, 루비색을 띠는 카시우스 보라(Purple of Cassius)라 불리며 유리나 도자기의 붉은색, 금색을 나타낼 때 사용된다. 반응성이 높은 장점이 때로는 다른 물질과 쉽게 반응할 수 있으므로 안전하게 다뤄야 하며 독성이 있어 물질안전보건자료(MSDS) 지침을 반드시 준수해야 한다.

외국 금

국내에서 순금 제품은 24K, 995, 999 각인을 새겨 유통하는데, 국내보다 가격이 저렴하다고 홍콩이나 중국에서 금을 사 오는 경우가 있다. 중화권 금 제품에서 91~99% 금은 '족금(足金)'으로, 99.5~99.9% 이상의 순금은 '천족금(天足金)'으로 표기해 유통한다. 하지만, 실제로 '천족금(天足金)' 999 각인이 있더라도 성분 분석을 하면 순도가 낮게 나오는 경우가 종종 발생한다. 특히, 해외여행객이 많은 태국은 금을 구매할 때 세금이 면제되므로 국내와 가격 차이가 크게 난다. 하지만 국내에서 금값을 제대로 보장받지 못하는 경우가 있는데, 가장 큰 요인은 태국에서 주로 사용하는 순금의 순도가 96.5%이기 때문이다. 이런 순도 차이 손해를 줄이기 위해서는 999.9% 골드바를 추천한다. 국내가 아닌 해외에서의 금 구매는 주의해야 하며, 되도록 자제해야 한다.

희귀금속

귀금속을 노블 메탈(Noble metal)이라고 부르는 이유는, 금속 중에서 귀족 같은 존재라는 의미이다. 하지만 금이 중요한 귀금속이어도 유일한 것은 아니다. 다른 귀금속들도 나름대로 독특한 특성이 있으며, 달러가 붕괴할 때 수익을 올릴 가능성이 높다. 플래티넘(Pt)과 팔라듐(Pd)은 화폐 역할을 한 적이 없으며 앞으로도 그럴 가능성이 높다. 그러나 플래티넘과 팔라듐은 귀금속이자 주목받는 산업재로서 실물 자산 열풍에서 거의 은과 같은 대접을 받을 가능성은 높다. 플래티넘과 팔라듐은 로듐, 루테늄, 이리듐, 오스뮴과 함께 금속 중 플래티넘 계열(PGMs)에 속한다. 이 금속들은 산화와 부식에 대한 내구성이 높다. 국내에서 '백금'으로도 불리는 플래티넘은 연간 생산량이 7백만 온스로 연간 금 생산량의 6%에도 못 미치고, 연간 은 생산량의 1%도 안 된다. 플래티넘은 내구성이 강해 명품 주얼리 브랜드에서 다이아몬드를 고정하는 용도로 널리 사용되지만, 최근에는 자동차의 촉매 컨버터(catalytic convertor)에 사용된다. 이 장치는 무연 가솔린에서 나오는 유독 배기가스를 이산화탄소와 물로 바꾸어 주는 역할을 한다. 또한 부식되지 않는 내구성으로 인해 화학 산업에서 산을 제조하는 데 필요한 용기를 제작하는 용도로 널리 사용된다. 게다가 코발트와 혼합하면 정보를 저장할 수 있기 때문에 컴퓨터 하드 드라이브 소재로 사용되며 암세포를 억제하는 효과로 화학 치료제의 중요한 성분이다.

팔라듐(Pd)은 밝은 은백색의 백금족 금속으로 플래티넘과 화학적 성질이 유사하지만 무게는 플래티넘에 비해 가볍다. 구리나 니켈 광석에서 추출하며, 녹는점은 1,555℃, 끓는점은 2,963℃로 백금족 원소 중 가장 낮다. 팔라듐은 백색 금 형태로 장신구이 주로 사용되지만, 최근에는 화학적 안정성과 중요한 촉매 역할로 자동차 산업에서 배기가스 정화 장치의 핵심 소재로 사용되며 가격이 급등했다. 그밖에 항공기 점화 플러그 전극, 수술 기구 등 산업용으로 사용되며 일상에서는 금, 은과 합금해서 치과용 보철 재료로 사용된다. 희귀금속에 대한 장기 전망과 관련해 플래티넘과 팔라듐은 연료전지의 주요 소재이며 금과 은에 비해 저평가된 가격이 시장의 관심을 받을 것으로 예상된다.

오스뮴은 금, 은, 플래티넘, 팔라듐 같은 지구상에 존재하는 8가지 귀금속 중 가장 마지막으로 귀금속 시장에 등장했다. 1803년 영국의 화학자 테난트에 의해 발견된 오스뮴은 백금 광석을 처리하는 과정에서 나오는 어두운색의 찌꺼기를 분석하던 중 발견되었고, 오스뮴 화합물의 강한 냄새로 인해 냄새를 뜻하는 그리스어 오스메(Osme)에서 유래했다. 오스뮴은 플래티넘 1만 톤을 채굴하면 겨우 30g 정도 생산될 정도로 물량이 적다. 상온에서 청회색을 띠는 금속으로 단단하고 부서지기 쉽고, 녹는점도 높아 가공과 주조가 어렵다. 하지만 천연에서 나오는 오스뮴과 이리듐의 합금 오스미리듐은 마모와 부식에 강해 만년필 펜촉(nip) 재료로 사용된다. 스위스 연구소 기술로 납작한 형태로 결정화 과정을 거친 청은 색 크리스탈린 오스뮴(Crystalline Osmium)은 최근 고급 주얼리, 시계 등 초호화 산업에서 다이아몬드를 대체하는 고급 신소재로 사용되는데, 햇빛 아래에서 다이아몬드보다 빛나기 때문에 '선샤인 엘리먼트(Sunshine Element)'라고도 불린다. 최근 유럽에서 실물 투자 자산으로 주목받고 있다.

인공 금

금은 지구상에서 가장 비싼 금속 중 하나로 몸에 지닌 금도 최소 45억 년이 된 것이다. 금이 어떻게 생성되는지에 대한 비밀은 추측과 가설만 있지 정확한 생성 원인은 밝혀지지 않고 있다. 가장 설득력 있는 가설은 초신성 폭발, 중성자별의 충돌로 발생한 금이 지구 형성 과정에서 조각이나 입자 형태로 유입돼 지각 깊숙이 자리한 것으로 추정한다. 화폐의 역할과 가치에 힘입어 중세브터 순수한 금을 만드는 것은 연금술사의 도전이자 꿈이었다. 수학자로 알려진 아이작 뉴턴은 수학이나 물리보다 연금술에 더 큰 노력을 했다. 실제로 금을 만들기 위해 납에 수은을 넣고 끓이는 실험을 수행했는데 수은, 납 중독으로 정신착란을 겪기도 했다. 원소 주기율표상 금의 화학원소 기호는 AU이며, 원자번호는 79이다. 금 원자의 핵 속에 양성자가 79개 들어 있다는 뜻이다. 과학의 발전으로 주기율표상의 인접한 원소를 이용하면 금을 만들 수도 있을 것이란 가설이 연구를 이끌었고, 10년 전쯤 일본에서 원자번호 80번 수은(Hg)으로 금을 만들 수 있다는 이론이 등장했다. 원자번호 차이가 1밖에 나지 않으므로 수은의 양성자를 하나 줄이면 금이 될 수 있다는 가설이다. 근거는 RIBF가속기에서 수은을 이온화한 원자에 고속의 베릴륨이나 리튬과 충돌시켜 양성자 하나를 없애면 금으로 변할 것이란 예측이었다. 수학적으로는 1년 동안 같은 실험을 진행하더라도 단 0.00018g의 금밖에 생성이 안 되므로 채산성을 맞출 수 없는 무모함이라 할 수밖에 없다. 최근에는 유럽입자물리연구소(CERN) 연구진이 거대강입자충돌기(LHC) 실험 과정에서 금보다 양성자가 3개 많은 납 핵 간의 충돌 시 원자핵이 자극돼 양성자 3개가 방출되면서 납이 금으로 바뀐 것을 학술지에 게재했다. 원소기호 82번인 납(Pb)이 금으로 바뀌는 현상을 우연히 발견된 것인데, 아이러니하게도 뉴턴이 연금술에 사용했던 수은과 납으로 금을 만들 수도 있을 것이란 믿음이 실제로 증명된 것이다.

하지만, 인공 금을 만드는 노력은 실험 과정에서 사용되는 전기량, 투입 시간 등을 따졌을 때 매우 비효율적인 방법이다. 즉, 금은 만들어 쓰는 물질이 아니라, 우주가 인류에게 준 선물이다.

가짜 금

안전한 자본 투자의 수단으로 주목받는 금값이 급등하면서 가짜 금의 유통도 덩달아 많아지고 있다. 가짜 금을 식별하는 방법 몇 가지를 소개하겠다.

첫째로 금은 금속 중에서 가장 높은 밀도를 가지는 금속이다. 손으로 들었을 때 무게감이 진짜 금보다 가볍고 네오디뮴 자석을 대서 조금이라도 자력에 반응한다면 가짜 금이다. 두 번째는 제품에 새겨진 각인을 확인하는 것이다. 국내에서 정상적으로 유통되는 금 제품은 순도를 표시하는 각인이 새겨져 있다. 세 번째가 시금석과 시약을 사용한 화학 반응 검사이다. 금을 극소량 석영이나, 나지 흑석(치밀한 점판암)인 시금석(touchstone)에 문질러 해당 제품에 맞는 시약을 떨어뜨려 반응 여부를 확인하는 검사다. 여전에는 초산으로 검사를 했는데, 요즘 대부분의 금거래소나 금 취급소에서는 질소가 섞여 있는 염산을 사용해 정확도를 높이고 있다. 이보다 더 정교하게 제작되는 가짜 금은 골드바 형태인데, 내부에 금과 비슷한 밀도의 텅스텐을 넣고 금으로 겉을 감는 방식이다. 실제로 골드바의 무게까지 정확하게 맞춰서 제작되므로 단면을 잘라보거나 성분 분석 검사, 초음파 펄스 검사를 통해서만 진위를 알 수 있다. 특히, 초음파 펄스 검사는 텅스텐과 금의 물리적 차이를 이용하는 것으로 펄스가 금속을 통과하여 이동하는 속도를 확인하는 것인데 금은 음속 3,240m/s, 텅스텐은 5,180m/s이다. 마지막이 XRF(X-ray Fluorescence)검사인데, X-선 형광 분석을 이용해 물질의 성분을 분석하는 검사방법이다. 각 원소의 고유한 에너지에 따른 파장을 분석하여 시료 속 원소를 정성, 정량 분석하는 방법으로 가장 빠른 분석과 높은 감도를 제공한다. 또한, 주얼리에 각인이 'GF', 'GP', 'GE'가 있는 제품은 '금도금'으로 Gold Filled, Gold Plated, Gold Electroplate의 약칭이다. 금이 아닌 화학적 도금을 한 제품으로, GF는 다른 금속의 표면에 금을 얇게 펴서 열과 압력으로 두껍게 입히는 도금 방식이고 GP는 다른 금속의 표면에 화학적으로 금을 아주 얇게 바른 도금이다. 또한, GE는 전기분해법으로 일반 금속이나 합금에 금도금을 한 걸 말한다. 이처럼 금 가격이 치솟으면서 다양한 형태의 가짜 금이 유통되고 있으므로 금 투자를 할 때는 반드시 신뢰할 수 있는 거래 방법을 선택해야 한다.

일렉트럼, 노르딕 골드

하얀 금, 호박 금으로 불리는 일렉트럼은 보통 20~70%의 은이 함유되어 있다. 일렉트럼이란 고대 그리스 단어인 elector에서 유래한 것인데, '빛나는 자'라는 의미다. 현재 우리가 사용하는 단어 electric의 어원이다. 보통은 인공적으로 만들어지는데 자연산이 나올 때는 구리, 철, 팔라듐 등을 포함하고 있지만, 주성분은 금과 은이다. 일렉트럼은 내구성이 좋아 금을 정제하는 기술이 발달하지 않은 고대 리디아에서 주화로 사용되었다. 또한, 고대 이집트 피라미드와 오벨리스크 꼭대기에 있는 피라미디온(Pyramidion)의 외부 장식으로 사용되었다. 화학적으로 은과 금이 섞이면 녹색 빛이 약간 도는 노란 금속이 되어 '그린 골드'라고도 불린다. 이에 반해 노르딕 골드(Nordic Gold)는 색깔이 금에 가까운 특수 금속으로 구리(89%), 알루미늄(5%), 아연(5%), 주석(1%)의 합금으로 금이 전혀 포함되지 않은 가짜 금이다. 색상이 18K 옐로우 골드와 비슷해 도금 작업이 필요 없고 금속 알레르기 반응이 없어 최근에는 패션 액세서리, 인테리어

소품, 생활용품에도 사용되며 유로화 동전에 사용되는 합금이다. 또한, 최근 발견된 가짜 골드바는 구리, 아연, 니켈, 주석을 넣어 제작했는데 일반인은 육안 확인이 불가능할 정도로 색상과 모양이 정교한 형태로 만들어져 각별한 주의가 필요하다.

제6장

부록

금 관련 창업

　최근 금값이 상승해 금 관련 업종이 주목받고 있다. 다만, 중소벤처기업부가 발표한 「2023 소상공인 실태조사」에 따르면, 귀금속·장신구 소매업의 폐점률이 13.2%로 발표되었는데 전체 소상공인 평균(9.2%)보다 현저히 높다. 혼인율 감소, 예물 간소화, 온라인 구매 증가가 큰 원인이지만, 여기에 덧붙여 금에 대한 인식이 장신구에서 투자 개념으로 변화한 것도 한몫했다. 투자용 골드바 수요가 점차 늘어나면서, 급기야 2025년 2월에는 전국적으로 품귀 현상이 발생하기도 했다. 이에 따라 골드바 투자에 대한 일반인의 관심이 높아졌고, 전국에 금거래소 창업이 활발히 이루어지고 있다. 금거래소 창업의 장단점을 간략히 소개하자면, 금과 은은 국제 시세와 환율에 따라 가격이 결정되므로 공산품처럼 대량 구매를 하더라도 할인은 없다고 보면 된다. 또한, 초기 창업 비용이 타 업종 대비 높아 상대적으로 진입 장벽이 높은 업종에 속한다. 이익률은 요식업, 서비스업과 비교해 현저히 낮은 편이다. 다만, 재고 상품이 금이므로 장기간 운영 시 재고자산 평가 이익을 볼 확률이 높다.

금거래소 창업 체크리스트

- 재고 관리
금은 재고가 수익을 안겨주는 사업으로 변질 없는 금의 특성상 가격 안정기에 적정 재고 확보 시 상승기에 수익성 확대

- 시장성
전통적 안전자산으로 누구나 소유하고 있는 재화로 시장성 풍부

- 시장 규모
KRX 금시장 연간 금 거래량 2조 원, 실물 귀금속 시장 연간 거래액 30조 원 이상, 개인 보유 금액 50조 원 이상(2024년 12월 기준)

- 수요 변화와 성장 가능성
장식용 수요가 빠르게 투자 수요로 전환 중(장신구에서 골드바로 트렌드 변화)

- **수익 다변화**

매입과 판매 양측에서 수익

- **소비자 구성**

전 연령대가 구매하는 선호도 높은 재화

- **진입 장벽**

소비성 업종 대비 초기 투자 비용이 높아 진입 어려움

- **트렌드 변화와 소비자 선호**

저금리, 인플레이션 우려로 시장 확대와 골드바 수요 증가

- **계절에 따른 수요 변화**

계절에 따른 수요 변화가 음식료, 서비스 업종 대비 적음

제품별 사이즈

목걸이 길이

명칭	길이
콜라(Collar)	30~34cm
초커(Choker)	35~39cm 목에 딱 맞거나 목을 감싸는 정도
프린세스(Princess), 숏 네크리스(Short Necklace)	43cm 전후(40~45cm) 기본 길이, 쇄골 위아래
마티니(Martini) 미디움네크리스(Medium Necklace)	54cm 전후(50~60cm) 가슴 윗부분까지 내려옴
오페라(Opera) 롱 네크리스(Long Necklace)	71cm 전후(70~90cm) 가슴 아래까지 내려옴
로프(Rope)	100cm 전후 길이가 길며 두 번 감아 착용 가능

팔찌 길이

원석 팔찌	손목에서 가는 부분 둘레 측정
실크라인 팔찌	손목 둘레보다 0.5~1cm 크게 (타이트한 착용감)
골드 팔찌	손목 둘레보다 1~1.5cm 크게 (편안한 착용감)
뱅글 팔찌	손목 둘레보다 2~2.5cm 크게 (적당한 착용감)

KS 규격 반지 호수별 크기

호수	손가락 둘레(mm)	지름(mm)	호수	손가락 둘레(mm)	지름(mm)	호수	손가락 둘레(mm)	지름(mm)
1호	44	13	11호	54	16.33	21호	64	19.67
2호	45	13.33	12호	55	16.67	22호	65	20
3호	46	13.67	13호	56	17	23호	66	20.33
4호	47	14	14호	57	17.33	24호	67	20.67
5호	48	14.33	15호	58	17.67	25호	68	21
6호	49	14.67	16호	59	18	26호	69	21.33
7호	50	15	17호	60	18.33	27호	70	21.67
8호	51	15.33	18호	61	18.67	28호	71	22
9호	52	15.67	19호	62	19	29호	72	22.33
10호	53	16	20호	63	19.33	30호	73	22.67

허위 신분증, 사고 수표

　금거래소에서는 금 매입을 위해 신분증 확인을 요구한다. 미성년자의 법률행위, 도난, 장물 매입을 차단하기 위해 거치는 절차이다. 허위로 조작된 신분증을 사용하는 목적은 주로 범죄자들이 자신의 신원을 위조하여 법적 책임을 회피하려는 수단인데, 맨눈으로는 위조 여부 확인이 어렵다. 만약 허위 여부 판단의 필요성이 있다면, 뒤에 설명한 절차로 진위를 알 수 있다. 또한 휴일에 수표로 금을 사가는 경우도 있는데, 판매하는 처지에서 도난, 위조, 사고 여부를 확인해야 한다. 수표를 받을 때는 뒷면에 인적 사항 기재와 신분증 확인 절차를 반드시 거쳐야 한다. 또한, 신용카드 결제 시에도 신분증 확인을 통해 카드 명의자와 동일인임을 재차 확인해야 한다. 이와 같이 위조 신분증의 사용은 '위조 사문서 행사죄', '주민등록법 위반' 혐의가 적용되며 사고 수표의 사용은 「부정수표 단속법」에 의해 처벌되는 중대 범죄이다.

주민등록증 진위 확인

전화 조회	☎ 1382 - 주민번호 입력 - 발급 일자 입력 - 안내 메시지
인터넷 조회	정부 24 - 민원서비스 - 사실 진위 확인 - 주민등록증 진위 확인

운전면허증 진위 확인

인터넷 이용	경찰청 교통민원 24 - 조회 - 운전면허 - 운전면허 진위 여부

수표 사고 여부 확인

앱 스토어	Play 스토어 - Smart 어음정보 앱 설치 - 어음수표 사고신고 조회
카드 단말기	수표 - 수표번호, 발행일자, 권종 코드 입력
전화 조회	☎ 1369 - ARS 안내에 따라 수표번호, 은행 지점 코드, 발행일자 입력

마치며

　코로나 팬데믹이 전 세계를 휩쓸고 5년이란 시간이 흘렀지만, 경기 침체가 아직도 국내외 경제를 짓누르고 있다. 초유의 위기는 잘 극복했지만, 국내 경제 상황은 나아질 기미가 보이지 않고 급기야 관세 전쟁 여파로 생활 물가마저 들썩이고 있다. 특히, 자영업자 매출 감소와 폐업은 통계가 발표될 때마다 최고치를 갈아치우고 있다. 부동산 불패의 신화는 서울·경기 일부 지역에만 해당하는 국지적 현상으로 고착되었고, 지방 부동산은 경기 침체 여파와 무분별한 난개발 후유증으로 극심한 분양 저조와 아파트 단지 전체가 미분양 상태로 방치된 현장까지 나오고 있다. 오르지 않는 월급, 내리지 않는 물가에 서민들 주머니는 더 얇아지고 의욕마저 꺾여 중산층까지 위협받고 있다. 쌓이지 않는 저축, 매년 떨어지는 돈의 가치, 주식은 글로벌 기업만 상승하는 양극화가 된 지 오래다. 그나마 서민이 안전하다고 믿었던 부동산은 보유세 강화, 고율의 양도소득세 등으로 기대 수익률이 예전 같지 않다. 대체 무엇에 투자해서 자산을 키우고 개인 자본을 축적해야 할까. 결론부터 말하면 금과 은에 대한 관심과 투자 안목을 키우라 말하고 싶다. 돈 가치가 떨어지든 주식이 상승하든 항상 내재가치를 지닌 금, 은만이 일확천금은 아니더라도 안전하게 내 자산을 증식할 수 있는 유일한 방법이다.

실천을 위해서는 부정적인 생각보다 냉정한 실행이 필요하다. 내가 실천하고자 하는 분야의 공부를 하지 않으면 그것은 투자라는 도전이 아니라 무모한 투기이며 도박일 뿐이다. 무엇이든 실행하고 싶으면 기본 상식 수준의 책을 시작으로 조금씩 난이도를 높여가며 30권 이상의 독서와 전문가 상담을 거친 후, 빚내지 않는 착한 투자에 나서기를 바란다.

창업과 공유 브랜드 도입 준비를 하면서 대구 교동에서 40년 가까이 금 관련 사업을 하고 계시며 큰형님 같은 박창흔 사장님과 박도현 군의 도움을 많이 받았다. 관련 사업을 하는 사람들도 알지 못하는 데이터 읽는 법을 알려주셨고, 실무에 도움이 되는 많은 경험을 이야기해주셨다. 또한 금이란 주제가 학문적으로 심오한 분야가 아닌 탓에 자료가 많지 않았지만, 평소 책을 읽으면서 정리, 메모해두는 습관이 있어 어려움을 조금은 덜 수 있었다.

마지막으로 새로운 사업 시작의 길라잡이 이성만 사장, 첫 브랜드 공유를 믿고 함께해주신 박창범 사장, 법률적 조언을 해준 김경훈, 걱정과 염려로 응원을 대신한 박철희, 이미정, 한결같은 선한 마음으로 물심양면 도움을 주고 사업에 대한 자세, 실천 방법 등 조언을 아끼지 않은 '문경지교' (주)새한산업개발 이근수 사장, 장현애 여사, 사랑하는 가족, 책을 쓰게 된 계기와 제목에 힌트를 준 아들 이민규에게 책을 바친다.

참고 문헌

『황금의 지배』 피터 L. 번스타인, 김승욱 옮김(경영정신 2001년 5월)

『39가지 사건으로 보는 금의 역사』 루안총샤오, 정영선 옮김(도서출판 평단 2019년 8월)

『금의 귀환』 제임스 리카즈, 최지희 옮김(율리시즈 2019년 9월)

『금에 투자하라』 제임스 터크, 존 루비노, 안종희 옮김(주식회사 지식노마드 2009년 10월)

『부자 아빠의 금·은 투자 가이드』 마이클 맬로니, 박슬라 옮김(주식회사 민음인 2012년 9월)

『위기와 금』 마스다 에츠스케, 김정환 옮김(주식회사 다산북스 2012년 2월)

『금에 투자하라』 가메이 고이치로, 현승희 옮김(해피북스투유 2021년 11월)

『금 투자의 정석』 이동엽(도서출판 푸른나무 2008년 1월)

『금, 원자재 투자 그리고 인플레이션』 이동엽(도서출판 푸른나무 2009년 8월)

『화폐 자산에 투자하라』 e대한경제편집부(대한경제 2021년 10월)

『50대 사건으로 보는 돈의 역사』 홍춘욱(주식회사 로크미디어 2019년

4월)

『부의 대이동』 오건영(페이지2북스 2020년 7월)

『골드플레이션』 양베리(조규원)(경이로움 2022년 8월)

『광기, 패닉, 붕괴 금융위기의 역사』 찰스 P. 킨들버거, 로버트 Z. 알리버, 김홍식 옮김(굿모닝북스 2006년 11월)

『은행이 멈추는 날』 제임스 리카즈, 서정아 옮김(주식회사 더난컨텐츠그룹 2017년 6월)

『21세기 자본』 토마 피케티, 장경덕 외 옮김(주식회사 글항아리 2014년 9월)

『왜 자본은 일하는 자보다 더 많이 버는가』 토마 피케티, 류이근 기획, 인터뷰, 정리(시대의 창 2014년 11월)

『피케티의 신자본론』 토마 피케티, 박상은, 노만수 옮김(글항아리 2015년 9월)

『불평등 경제』 토마 피케티, 유영 옮김, 노형규 감수(마로니에북스 2014년 9월)

『밀턴 프리드먼 화폐경제학』 밀턴 프리드먼, 김병주 옮김(한국경제신문 2009년 1월)

『얼마나 있어야 충분한가』 로버트 스키델스키, 에드워드 스키델스키, 김병화 옮김(부키 주식외사 2013년 6월)

『사회적 자본』 KBS 사회적 자본 제작팀(문예춘추사 2011년 12월)

『수축사회』 홍성국(메디치 2018년 12월)

『노후파산』 NHK 스페셜 제작팀, 김정환 옮김(다산북스 2016년 2월)

『한국경제, 돈의 배반이 시작된다』 타마키 타다시(스몰빅인사이트 2016년 12월)

『격차고정』 미우라 아츠시, 노경아 옮김(세종연구원 2016년 4월)

『빈곤론』 가와카미 하지메, 송태욱 옮김(꾸리에 북스 2009년 8월)